本书编委会：

编写委员会

主　　任：夏　清

副 主 任：邵　维　冯兆坤

教材编写组

主　　编：杨娅男

副 主 编：刘晓明　于亚群

成　　员：居　珅　许　言　赵雯宇
　　　　　于秋颖　管培培

编写顾问：连道明

绘　　图：黄凌峰

天津市体育运动学校体育中职教材

排球教学与训练

杨娅男 ◎主编

厦门大学出版社 国家一级出版社
全国百佳图书出版单位

图书在版编目(CIP)数据

排球教学与训练/杨娅男主编. —厦门:厦门大学出版社,2018.8
ISBN 978-7-5615-7040-1

Ⅰ.①排… Ⅱ.①杨… Ⅲ.①排球运动-中等专业学校-教材 Ⅳ.①G842

中国版本图书馆 CIP 数据核字(2018)第 182252 号

出 版 人	郑文礼
责任编辑	陈进才
封面设计	蒋卓群
技术编辑	许克华

出版发行	厦门大学出版社
社　　址	厦门市软件园二期望海路 39 号
邮政编码	361008
总编办	0592-2182177　0592-2181406(传真)
营销中心	0592-2184458　0592-2181365
网　　址	http://www.xmupress.com
邮　　箱	xmup@xmupress.com
印　　刷	厦门市金凯龙印刷有限公司

开本　787 mm×1 092 mm　1/16
印张　10.5
插页　2
字数　250 千字
版次　2018 年 8 月第 1 版
印次　2018 年 8 月第 1 次印刷
定价　32.00 元

本书如有印装质量问题请直接寄承印厂调换

厦门大学出版社
微信二维码

厦门大学出版社
微博二维码

前　言

本书根据天津市体育运动学校的培养目标、教育计划和教学大纲,结合天津市体育运动学校教学、训练的实际情况编写而成,是天津市体育运动学校体育中职"排球"课程教学用教材。

本教材的编写得到了天津市教委、天津市体育运动学校领导的指导和支持。本书由杨娅男担任主编,刘晓明、于亚群担任副主编,编写组成员有居坤、许言、赵雯宇、于秋颖、管培培等,特聘请集美大学体育学院连道明教授担任本教材的编写顾问。

本书内容围绕培养目标,注重学生基本技术、基本技能的培养,注重结合社会的发展对体育人才规格的要求,注重吸纳近年来国内外排球运动最新发展动态与科研成果,努力保证教材的先进性、科学性、实用性和可操作性。全书共七章,第一章排球运动简介,第二章排球基本技术,第三章排球基本战术,第四章排球教学与训练,第五章学校排球队的组建与训练比赛,第六章排球运动员的体能训练,第七章其他形式的排球运动。

希望本书的出版,对进一步健全和完善天津市体育运动学校的教学、训练,提升"排球"课程教学、训练水平,提高人才的培养质量起到积极的促进作用。

编写者

2018 年 5 月

目 录

第一章　排球运动简介 …………………………………………………………… 1
　第一节　排球比赛方法和特点 ………………………………………………… 1
　　一、比赛方法 ………………………………………………………………… 1
　　二、排球运动的特点 ………………………………………………………… 2
　　三、排球世界大赛简介 ……………………………………………………… 2
　第二节　排球运动的起源、传播与繁衍 ……………………………………… 4
　　一、排球运动的起源 ………………………………………………………… 4
　　二、排球运动的传播 ………………………………………………………… 4
　　三、排球运动的繁衍 ………………………………………………………… 5
　第三节　排球运动发展态势 …………………………………………………… 6
　　一、竞技排球运动的社会化、职业化与商业化 …………………………… 6
　　二、排球技术、战术发展方向 ……………………………………………… 7
　　三、娱乐排球发展的多元化 ………………………………………………… 7
第二章　排球基本技术 …………………………………………………………… 8
　第一节　准备姿势和移动 ……………………………………………………… 8
　　一、准备姿势 ………………………………………………………………… 8
　　二、移动步法 ………………………………………………………………… 9
　第二节　发球 …………………………………………………………………… 10
　　一、发球技术动作 …………………………………………………………… 10
　　二、发球技术的运用 ………………………………………………………… 13
　第三节　垫球 …………………………………………………………………… 13
　　一、垫球技术动作 …………………………………………………………… 13
　　二、垫球技术的运用 ………………………………………………………… 17
　第四节　传球 …………………………………………………………………… 19
　　一、传球技术动作 …………………………………………………………… 20
　　二、传球技术的运用 ………………………………………………………… 21
　第五节　扣球 …………………………………………………………………… 25
　　一、扣球技术动作 …………………………………………………………… 25
　　二、扣球技术的运用 ………………………………………………………… 27
　第六节　拦网 …………………………………………………………………… 29
　　一、拦网技术动作 …………………………………………………………… 29
　　二、拦网技术的运用 ………………………………………………………… 30

第三章　排球基本战术 ·· 32
第一节　排球基本战术概述 ·· 32
一、排球战术概述 ·· 32
二、排球战术的分类 ·· 32
第二节　阵容配备与交换位置 ·· 33
一、阵容配备 ·· 33
二、比赛中队员交换位置 ·· 35
第三节　进攻基本阵形 ·· 36
一、"中一二"进攻阵型 ·· 36
二、"边一二"进攻阵型 ·· 37
三、后排"插上" ·· 37
第四节　接发球站位阵形 ·· 38
一、五人接发球站位阵形 ·· 38
二、四人接发球阵形 ·· 39
三、三人接发球阵形 ·· 40
四、接发球个人战术运用 ·· 41
第五节　进攻战术 ·· 42
一、快球进攻 ·· 42
二、交叉进攻 ·· 43
三、夹塞进攻 ·· 44
四、梯次进攻 ·· 45
五、双快和三快进攻 ·· 45
六、双快一跑动进攻 ·· 46
七、时间差进攻 ·· 47
八、立体进攻 ·· 47
第六节　接扣球防守阵形 ·· 48
一、单人拦网防守阵形 ·· 48
二、双人拦网"边跟进"防守阵形 ······································ 48
三、双人拦网"心跟进"防守阵形 ······································ 49
四、三人拦网防守阵型 ·· 50
五、接扣球防守基本要求 ·· 50
第七节　接拦回球防守阵形 ·· 51
一、五人接拦回球阵形 ·· 51
二、四人接拦回球阵形 ·· 52
三、三人接拦回球阵形 ·· 53

第四章　排球教学与训练 ·· 54
第一节　排球教学原则 ·· 54
一、自觉积极性原则 ·· 54
二、直观性原则 ·· 54

三、系统性原则 ………………………………………………………………… 54
　　四、巩固性原则 ………………………………………………………………… 54
　　五、实际出发原则 ……………………………………………………………… 55
第二节　排球训练原则 …………………………………………………………… 55
　　一、主动参与原则 ……………………………………………………………… 55
　　二、多元发展原则 ……………………………………………………………… 55
　　三、专项化原则 ………………………………………………………………… 55
　　四、实战训练原则 ……………………………………………………………… 56
　　五、合理负荷原则 ……………………………………………………………… 56
　　六、有效控制原则 ……………………………………………………………… 56
　　七、个别化原则 ………………………………………………………………… 56
第三节　排球游戏 ………………………………………………………………… 56
　　一、排球游戏的特点 …………………………………………………………… 57
　　二、排球游戏的作用 …………………………………………………………… 58
　　三、排球游戏示例 ……………………………………………………………… 59
第四节　基本技术教学与训练方法 ……………………………………………… 68
　　一、准备姿势与移动教学训练 ………………………………………………… 68
　　二、发球教学训练 ……………………………………………………………… 70
　　三、垫球教学训练 ……………………………………………………………… 73
　　四、传球教学训练 ……………………………………………………………… 75
　　五、扣球教学训练 ……………………………………………………………… 78
　　六、拦网教学训练 ……………………………………………………………… 81
第五节　进攻战术教学与训练方法 ……………………………………………… 84
　　一、教学顺序 …………………………………………………………………… 84
　　二、教学步骤 …………………………………………………………………… 84
　　三、教学方法 …………………………………………………………………… 84
　　四、教学应注意的问题 ………………………………………………………… 88
　　五、训练顺序 …………………………………………………………………… 88
　　六、训练方法 …………………………………………………………………… 88
　　七、训练应注意的问题 ………………………………………………………… 91
第六节　防守教学与训练方法 …………………………………………………… 91
　　一、教学顺序 …………………………………………………………………… 91
　　二、教学步骤 …………………………………………………………………… 92
　　三、教学方法 …………………………………………………………………… 92
　　四、教学应注意的问题 ………………………………………………………… 95
　　五、训练顺序 …………………………………………………………………… 96
　　六、训练方法 …………………………………………………………………… 96
　　七、训练应注意的问题 ………………………………………………………… 100
第七节　攻防转换战术教学与训练 ……………………………………………… 101
　　一、攻防转换战术含义与形式 ………………………………………………… 101

二、排球攻防转换战术的运用 ………………………………………… 101
　　三、教学顺序 …………………………………………………………… 103
　　四、教学步骤 …………………………………………………………… 103
　　五、教学应注意的事项 ………………………………………………… 106
　　六、训练方法 …………………………………………………………… 106

第五章　学校排球队的组建与训练比赛 ……………………………… 108
第一节　学校排球队的组建 …………………………………………… 108
　　一、组建排球队的目的和任务 ………………………………………… 108
　　二、排球队组建方法 …………………………………………………… 108
第二节　学校排球队训练特点与要求 ………………………………… 112
　　一、青少年生理、心理特点 …………………………………………… 112
　　二、训练特点 …………………………………………………………… 113
第三节　排球比赛临场指导 …………………………………………… 114
　　一、赛前准备工作 ……………………………………………………… 114
　　二、临场指挥工作 ……………………………………………………… 115
　　三、赛后总结 …………………………………………………………… 117

第六章　排球运动员的体能训练 ………………………………………… 118
第一节　体能训练概述 ………………………………………………… 118
　　一、体能训练的意义 …………………………………………………… 118
　　二、体能训练的内容 …………………………………………………… 118
　　三、体能训练的生理学依据 …………………………………………… 119
　　四、体能训练的基本要求 ……………………………………………… 119
　　五、动力链与动作效率 ………………………………………………… 120
第二节　力量训练 ……………………………………………………… 121
　　一、影响力量的因素 …………………………………………………… 121
　　二、力量训练基本方法 ………………………………………………… 122
　　三、力量训练的要求 …………………………………………………… 123
　　四、力量训练应注意的问题 …………………………………………… 124
　　五、力量练习方法介绍 ………………………………………………… 125
　　六、弹跳力训练 ………………………………………………………… 126
第三节　速度训练 ……………………………………………………… 129
　　一、速度的含义及种类 ………………………………………………… 129
　　二、影响速度的主要因素 ……………………………………………… 130
　　三、速度训练的要求 …………………………………………………… 131
　　四、速度训练应注意的问题 …………………………………………… 131
　　五、速度练习方法介绍 ………………………………………………… 132
第四节　耐力训练 ……………………………………………………… 133
　　一、耐力的含义及重要性 ……………………………………………… 133
　　二、耐力训练的特点 …………………………………………………… 133

三、耐力训练应注意的问题 …………………………………………………… 134
　　四、耐力练习方法介绍 ………………………………………………………… 134

第五节　灵活性……………………………………………………………………… 135
　　一、灵活性的含义及重要性 …………………………………………………… 135
　　二、灵活性及协调能力的训练特点 …………………………………………… 135
　　三、灵活性训练应注意的问题 ………………………………………………… 136
　　四、灵活性练习方法介绍 ……………………………………………………… 136

第六节　柔韧性训练………………………………………………………………… 138
　　一、柔韧性的含义及其重要性 ………………………………………………… 138
　　二、影响柔韧性的主要因素 …………………………………………………… 138
　　三、柔韧性训练应注意的问题 ………………………………………………… 139
　　四、柔韧性练习方法介绍 ……………………………………………………… 139

第七节　人体核心区力量训练……………………………………………………… 140
　　一、人体核心区概念 …………………………………………………………… 140
　　二、核心区力量的作用 ………………………………………………………… 141
　　三、核心区力量训练与基础力量训练的关系 ………………………………… 142
　　四、核心区力量和稳定性训练方法 …………………………………………… 142
　　五、核心力量训练手段和方法 ………………………………………………… 143

第七章　其他形式的排球运动 …………………………………………………… 151

第一节　沙滩排球…………………………………………………………………… 151
　　一、沙滩排球运动起源与发展 ………………………………………………… 151
　　二、沙滩排球运动的技术要求 ………………………………………………… 152
　　三、沙滩排球竞赛规则简介 …………………………………………………… 152

第二节　气排球……………………………………………………………………… 153
　　一、气排球起源与发展 ………………………………………………………… 153
　　二、气排球运动的特点 ………………………………………………………… 155
　　三、气排球竞赛规则简介 ……………………………………………………… 156

参考文献 …………………………………………………………………………… 158

第一章　排球运动简介

排球自 1895 年由美国人威廉·摩根发明以来,至今已有百余年的历史,由最初仅是一个将球在空中隔网拍打的简单活动,发展至今已在奥运会中有六人制排球和沙滩排球两个竞技项目,并衍生出形式众多的排球活动形式,供人们竞赛和休闲;坐式排球也成为残疾人奥运会的竞赛项目之一。各种各样的排球运动已构成一个"排球大家族",是世界上参与人数最多的运动之一。

排球运动是参与者以手臂击打在空中飞行的球,使球不落地的一项球类运动。排球运动允许身体的任何部位击球,可以隔网进行对抗性比赛,也可不设球网进行娱乐性的击球游戏。以获取最佳竞赛成绩为目的,并在国际上有统一竞赛规则的被称为竞技排球运动,如奥运会正式比赛项目的"室内六人制排球"、"沙滩排球"和"残奥会坐式排球";以健身娱乐为目的的被称为健身、娱乐排球运动,如"气排球""软式排球""落地排球"等。

第一节　排球比赛方法和特点

一、比赛方法

排球运动是由两支人数相等的球队,在被球网隔开的两个均等的场区内,根据比赛规则,用身体任何部位将球从网上击入对方场区,而不使其在本方场区内落地的集体攻防对抗的体育运动项目。

排球比赛的形式多种多样,其基本方法是由一名队员在发球区内用一只手将球直接击过球网开始,每方最多击球 3 次使球过网,不得持球;一名队员不能连续击球两次;比赛不间断地进行,直至球落地、出界或某队犯规。

发球队胜一球后,该队同一名队员继续发球。接发球队胜一球后,按预先登记的发球顺序轮转换由下一名队员发球。比赛采用每球得分制,如六人制排球发球队胜一球得一分,接发球队胜一球得发球权,同时得一分。

比赛有五局三胜制、三局两胜制和一局胜负制,首先达到规定分数的队胜该局队,达到规定胜局的队胜该场比赛。

二、排球运动的特点

（一）形式的多样性和广泛的群众性

排球运动的场地设备较简单，室内室外均可设置比赛场地。地板上、沙地上、草地上、雪地上，甚至水中都可以进行排球活动，其形式多样，比赛规则容易掌握且可变通。参赛人数可多可少，运动负荷能大能小，适合不同年龄、性别、体质和训练程度的人在不同环境条件下进行活动。因此，它有广泛的群众性。

（二）技术的全面性和高度的技巧性

排球比赛中，任何位置的队员都要参与防守与进攻，因此，每个队员都必须全面掌握攻、防技术。由于排球比赛具有球不能落地、必须将球击出、不能持住球、同一名队员不得连续击球两次、每队击球次数又有规定等特点，决定了排球技术的高度技巧性。

（三）激烈的对抗性和严密的集体性

排球比赛中双方的攻防转换始终是在激烈的对抗中进行，其对抗焦点主要集中在网上的扣与拦之间。每一分的争夺往往要经过好几个回合，水平越高的比赛，对抗性越激烈。比赛双方都在利用规则允许的3次击球机会，通过精心设计的巧妙配合，在瞬间完成激烈的攻防转换和完美的战术组合，体现了严密的集体性。

（四）轻松的娱乐性和高雅的休闲性

排球运动不拘泥于形式，可支网对抗比赛，亦可围圈嬉戏。只要有一块空地、沙滩或草地，尽可享受击技的乐趣。排球比赛隔网进行，没有身体接触，双方斗智、斗勇、斗技，安全儒雅，是人们健身、娱乐、休闲的理想方式。

三、排球世界大赛简介

（一）世界排球锦标赛

世界锦标赛是开展最早、规模最大的世界性排球比赛。1989年国际排联将世界青年锦标赛、世界少年锦标赛与之统一规划，统一领导，称之为世界锦标赛系列。

1. 世界排球锦标赛

首届世界男子锦标赛于1949年在布拉格举行。1952年，第一届世界女子锦标赛和第二届男子锦标赛在莫斯科举行。此后，每隔四年举行一届。

世界锦标赛是世界排球比赛中参赛队数最多的大型比赛。各国球队自由报名参加分布在各州的锦标赛资格赛以获得决赛资格，根据各洲排球发展水平的不同，名额配置也不同。

如 2014 年的决赛有男女各 24 支队,由 174 个国家和地区在 53 个赛区角逐产生,其中,只有东道主队和前一届锦标赛的冠军队有资格直接进入决赛。

2. 世界青年排球锦标赛

首届世界青年排球锦标赛于 1977 年在巴西里约热内卢举行,每两年举行一次。

世界青年排球锦标赛规定参赛员男子年龄不得超过 20 岁,女子不得超过 19 岁。

参赛队的资格一般是东道国代表队和各洲青年锦标赛的前 2~3 名。各洲的名额比例,由国际排联根据参赛总队总数指定。

3. 世界少年排球锦标赛

世界少年排球锦标赛始于 1989 年。首届比赛男子队在阿联酋举行,女子队在巴西举行。世界少年排球锦标赛每两年举行一次。

世界少年排球锦标赛参赛队员的年龄男子不得超过 18 岁,女子不得超过 17 岁。

参赛队的资格一般为东道国代表队和各洲少年锦标赛的前 3~4 名。各洲名额比例,由国际排联根据参赛队总数指定。

(二)世界杯排球赛

世界杯排球赛的前身是"三大洲"男子排球赛,由欧、亚、美三大洲的球队参加。1964 年,国际排联将其扩大为世界大赛,称为"世界杯赛"。1965 年在华沙举行了首届男子世界杯赛排球赛。女子世界杯排球赛始于 1973 年的蒙德维的亚。世界杯排球赛每四年举行一次,从 1977 年起举办地点固定在日本。

世界杯排球赛的参赛队最多不超过 12 支。参赛队一般是东道国代表队、上届冠军和各州锦标赛的前两名。

(三)奥运会排球赛

从 1964 年起,排球比赛被列为奥运会比赛项目。

参赛资格一般为:直接参赛的是东道国队、上一届奥运会冠军队、世界杯赛冠军队、世锦赛冠军队和五大洲资格赛的第一名。另三支球队是国际排联主办的资格赛获胜队。近年来,其竞赛规程有所改变,增加了资格赛和落选赛的名额,提高了竞赛的激烈程度和获得资格的机遇。

(四)世界男排联赛

世界男排联赛是带有商业性质的世界大赛,每年一次,参赛队为 16 支队,按世界排名的情况,各洲名额比例不同。比赛预赛分为 4 个小组打主客场制,前六名的参赛队进入决赛。

(五)世界女排大奖赛

世界女排大奖赛也是带有商业性质的世界大赛,每年一次,参赛队为 12 支队。大奖赛的预赛分为 9 站在欧洲、亚洲不同城市进行,每站有 4 支队进行单循环比赛,比赛先进行三周分站赛,分站赛前五名的球队与东道主队获得总决赛的参赛资格。

(六)世界沙滩排球大赛

世界沙滩排球大赛主要有:世界沙滩排球巡回赛和世界沙滩排球大满贯赛。世界沙滩排球巡回赛一般设有8～12站(视参赛选手多少而定),各站敞开报名,其中,按国际排联沙滩排球总排名榜顺序列前的24支球队直接进入正选赛,其余球队经预选赛取前八名进入正选赛,正选赛共32支球队,采取双败淘汰制排出名次,并将积分记入总排名榜。

第二节 排球运动的起源、传播与繁衍

一、排球运动的起源

排球运动始于1895年,创始人是美国人马萨诸塞州的霍利沃克城基督教会青年干事威廉·摩根。他在辅导人们进行各种体育锻炼的实践中,感到不同的对象应采用不同的锻炼方法。当时已流行起来的篮球运动固然很好,但较适合年轻人,对年纪大些的人来说则过于激烈,因此,他想要选择一种较为和缓、活动量适当的运动方法来满足他们的需求。为此,他在青年会的体育馆中进行了试验:把球网架了6英寸6英尺(1.98米)的高度上,让人们用篮球胆隔着网来回拍打;篮球胆太轻,改用篮球又太重;最后制作了与现代排球相近的、外表是皮质的、内装橡皮球胆的球,圆周为25～27英寸(63.5～68.6厘米),重量为9～12盎司(255～300克)。

1896年,美国开始有了排球比赛,第一部规则也发表在1896年7月美国出版的《体育》杂志上。最初排球比赛没有人数规定,赛前由双方临时商定,只要双方人数相等即可。它在美国很快受到国内各教会、学校和社会的广泛重视,同时也被列为军事体育项目。

二、排球运动的传播

排球运动在美国问世后,由美国的传教士和驻外国的军官、士兵带到了世界各地。由于排球运动传入的时间及采用的规则不同,世界各地的排球运动形式也不同。

美国是排球的故乡,因此,六人制排球运动传入美洲的时间比较早。1900年,它首先传入加拿大,1905年传入古巴,1912年传入乌拉圭,1914年传入墨西哥。

排球运动传入亚洲的时间也比较早,约在1900年先后传入印度、日本和菲律宾等国。它传入中国的时间,据资料约在1905年。传入亚洲后,它采用的规则与美国的规则有很多不同之处,经历了十六人制—十二人制—九人制—六人制的演变过程。

欧洲的排球运动是第一次世界大战时由美国士兵带去的。1917年,它首先出现在法国,之后传到苏联、捷克斯洛伐克、波兰等东欧诸国。排球运动传入欧洲虽晚,但传入的是六人制,且其竞技性已渐成熟,所以发展较快。

美国虽然是排球运动的故乡,但长期没有把它作为一种竞技项目来发展,主要用于休闲和娱乐，所以，技术水平发展较晚。

三、排球运动的繁衍

由于排球运动易于接受，且深受各阶层人们的喜爱，所以，其在发展过程中又不断分化、繁衍，形成了多种多样的形式。

（一）沙滩排球

20世纪20年代在法国南部地中海沿岸的度假胜地，兴起了在沙滩上玩排球的娱乐活动，以后又逐渐发展到大西洋和波罗的海沿岸。

由于从事这项活动的人越来越多，水平也越来越高，且受到商界的重视，逐渐由娱乐活动演变成了一项新兴的竞技体育活动。1940年，在美国加利福尼亚海滨举行了第一次正式的沙滩排球比赛。1987年2月，在巴西里约热内卢举行了第一届世界男子沙滩排球锦标赛。1996年，沙滩排球作为排球运动的一个正式比赛项目被列入了亚特兰大奥运会。

（二）九人制排球

排球传入亚洲时，首先采用的是十六人制。受远东运动会的影响，1919年，其改为十二人制，1927年改为九人制，1951年改为六人制。由于九人制排球没有位置轮转，且规则比较宽松，技术要求不高，所以深受排球爱好者的青睐，至今仍然在东南亚和我国南方盛行。

（三）气排球

气排球项目是我国土生土长的一项群众性的排球活动。20世纪80年代初，它由呼和浩特铁路局作为职工健身、娱乐的活动项目，继而作为老年人体育健身活动。发展至现今，它已成为在全国轰轰烈烈兴起的群众性体育运动健身项目之一，成为排球项目大家庭的一员。作为一项集健身、休闲、娱乐为一体的群众性体育运动项目，经过30多年的发展，已从单纯地在老年群体中开展向社会各个行业、系统、学校、社区、企事业单位等辐射，不同年龄层次、不同性别、不同职业人群纷纷参与到气排球运动中，享受气排球运动的快乐。

气排球以其球体轻且柔软、运动损伤小、参与者技术准入"门槛"低等特点，其魅力逐渐凸显，已成为我国全民健身活动的重要内容之一，社会影响力逐渐扩大，群众参与度逐渐提高。近年来，气排球运动在我国得到了广泛的推广和普及。

（四）小排球

20世纪60年代初，民主德国的教练员在开展少年儿童排球活动中，创造了"小排球"，并取得了极好的效果。此后，它在地中海沿岸国家迅速流传，并发展成为排球运动的一个小分支。国际排联在1971年统一了"小排球"的比赛规则。

小排球是一种用小于成人比赛场地和比赛用球进行的运动，适合少年儿童的生理特点，其比赛方法和技巧战术简单，容易在儿童中开展，且可以培养他们对排球运动的兴趣，使他们既掌握排球的基本技术又促进身体的发育和成长。

(五)软式排球

软式排球运动是 20 世纪 80 年代在日本首先开展起来的。由于它使用重量轻、质地软、气压小、反弹力低的排球进行活动,所以,球速慢、难度小,增加了这项运动的趣味性,适合在青少年和中老年人群中开展。

软式排球运动用的球有充气式和免充气式两种,它集娱乐性与竞技性于一体,是一种极有发展前景的群众性体育项目,目前尚无统一的国际比赛规则。

(六)残疾人排球

随着残疾人体育运动的蓬勃发展,残疾人排球运动也方兴未艾。为了适应不同残疾人的生理特点,残疾人排球运动也有着不同的比赛形式,目前国际比赛通常采用的是立式排球比赛和坐式排球比赛。

排球运动的形式还有很多,如雪地排球、水中排球、羽毛排球、墙排球等。

第三节 排球运动发展态势

在"大排球观"视野下,当今排球运动的发展趋势主要包括竞技排球运动的社会化、职业化和商业化,排球技、战术的发展趋势,娱乐排球发展的多元化。

一、竞技排球运动的社会化、职业化与商业化

市场经济的突出特点就是一切遵循价值规律。排球比赛很高的观赏性和表演性决定了竞技排球运动具有广阔的竞赛表演市场。进入市场,意味着竞技排球运动再也不能保持原有的业余性质,而必须向着职业化方向发展。意大利排协从 20 世纪 80 年代开始实行运动员职业化和俱乐部制度,在工商巨头的资助下,各排球俱乐部高薪招募世界各地的优秀教练员、运动员。由于俱乐部集聚各国的排球明星和优秀教练员,所以,意大利的排球竞技水平飞快提高。前任国际排联主席阿科斯塔指出:职业化代表着竞技排球运动的发展方向,巨额奖金促使比赛更精彩,而紧张激烈的比赛既能吸引广大观众,又能创造出更大的经济效益,这种良性循环在意大利已经形成,而且还正显示出无限的生机。目前,俱乐部制已成为欧美国家普遍采用的排球体制,亚洲及其他洲的国家也在借鉴、效仿。

阿科斯塔担任国际排联主席期间(1984—2008 年),始终致力于把排球运动发展成为世界最受欢迎的体育运动项目之一。国际排联在他的带领下,充分利用电视转播媒介吸引观众,推出商业化的国际赛事,使竞技排球运动一步步进入和占领市场。排球运动的社会化和商业化在很大限度上要借助于电视传媒,因此,2008 年 8 月,魏纪中接任国际排联主席后,又对竞赛规则进行了多项修改,例如,简化换人程序、放宽触网和过中线判罚尺度、使用 3 种以上颜色的彩色场地等,其目的就是使比赛更加紧凑精彩,让电视观众更好地欣赏比赛,以吸引更多的人关注排球运动。

二、排球技术、战术发展方向

排球运动走过一百多年的历史，如今技术、战术水平已经发展到非常高的程度。在竞技排球运动的发展历程中，其出现过不同的技术、战术流派和打法特点，但"全、高、快、变"是排球技术、战术发展永恒的主题和方向。

全：指攻防各项技术都必须全面掌握并运用自如，即能攻能防、能扣能拦、能高能快、能前排能后排等，每个队员技术全面且各有特长。"全面型"和"立体化"成为攻防战术的主体。

高：指队员身材高、弹跳高，扣球时击球点高、过网点高、威力大；拦网时跳得高、滞空时间长、拦阻范围大。

快：指快速的进攻、快速的调整、快速的配合、快速的防守。不仅一攻快，反击也快；不仅副攻快，主攻和接应也能参加快攻。防守中的拦网移动、起跳快，后防移动、倒地等动作都快，全队技、战术的运用随场上局势的变化而快速应变。

变：指排球技、战术运用的灵活多变，有大力跳发球和各种变化性能飘球的发球多变，有强攻突破和各种快攻掩护的进攻战术多变，有高大的拦网和稳健的后排防守战术的多变。

三、娱乐排球发展的多元化

随着现代社会人们物质生活的日益改善，闲暇时间增多，为人们参加娱乐运动、追求身心健康、改善生活质量提供了广阔的空间。起源于娱乐游戏的排球运动集健身、休闲于一体，非常适合人们在闲暇时间参与，对改善生活质量的作用具有广泛的社会意义。近年来，国际排联提出排球运动应更趋观赏性和大众娱乐性，促进不同人群参与的娱乐性排球运动，使排球向多元化方向发展。室内六人制排球和沙滩排球是拥有高水平竞技者的首选，而气排球拥有各阶层的广大排球爱好者，小排球、墙排球、羽毛排球、水上排球、草地排球、雪地排球、泥地排球等不同形式的娱乐排球游戏和不同玩法的尝试，拓宽了人们参与排球娱乐的思维和想象空间，娱乐排球的多元化发展日渐成为一种时尚潮流和趋势。

第二章　排球基本技术

排球技术是指运动员在排球竞赛规则允许的情况下,采用各种合理的击球动作和配合动作的总称。排球基本技术包括有球技术和无球技术,发球、垫球、传球、扣球和拦网等技术称为有球技术,准备姿势和移动称为无球技术。它们都是排球运动的基础和重要组成部分。

第一节　准备姿势和移动

准备姿势和移动属于排球的无球技术,是各项有球技术的前提和基础,对各项技术运用起着串联的作用。

一、准备姿势

准备姿势按身体重心的高低可以分为稍蹲、半蹲和低蹲三种。

（一）动作方法

1. 稍蹲准备姿势

两脚左右开立与肩同宽,一脚稍前,两膝微屈,身体重心位于两脚之间,并稍靠近前脚,后脚跟稍提起,上体稍前倾,两臂放松,自然弯曲置于腹前。两眼注视球并兼顾场上各种情况,两脚保持微动状态(图 2-1)。

2. 半蹲准备姿势

半蹲准备姿势比稍蹲准备姿势的身体重心略低,动作方法相同(图 2-2)。

图 2-1　稍蹲准备姿势

图 2-2　半蹲准备姿势

3. 低蹲准备姿势

低蹲准备姿势比前两种准备姿势的身体重心更低,更靠前,两脚左右、前后的距离更宽些,膝关节弯曲程度大于前两种准备姿势,肩部垂直线过膝,膝部垂直线超过脚尖,两手臂置于腹部之间(图 2-3)。

图 2-3 低蹲准备姿势

(二)动作要领

两脚自然开立,双腿适当弯曲;收腹重心前移,放松微动身体。

(三)准备姿势的运用

(1)稍蹲准备姿势主要用于扣球助跑和接速度较慢、弧度较高的发球和处理球。
(2)半蹲准备姿势主要用于接发球、传球、拦网等技术中。
(3)低蹲准备姿势主要用于防守(接扣球)和各种保护动作以及各种倒地动作的接球。

二、移动步法

在排球比赛中,攻防多数技术都是在准备姿势或快速移动中完成的,因此,准备姿势与移动是完成各项基本技术的基础。准备姿势的目的是迅速起动,快速移动;移动的作用是能够快速接近球,保持好人与球的位置关系,以保证击球动作的合理性。移动步法主要有并步与滑步、跨步、交叉步、跑步等。

(一)并步与滑步

并步时前脚向来球方向跨出一步,后脚迅速等地跟上,并做好击球前的姿势。当来球稍远,并步不能接近球时,可快速连续并步,即称为滑步。这主要用于近距离的移动,如传球、垫球、拦网等技术。

(二)跨步

跨步前膝部弯曲,上体前倾,身体重心移至跨出脚上。跨步时,一腿用力蹬地,另一腿向来球方向跨出一大步,后腿随重心前移自然跟上,两臂做好迎球动作(图 2-4)。跨步主要运用于当来球低、速度快、距离身体 1 米左右时。

图 2-4 跨步移动

(三)交叉步

两脚左右开立。向右侧交叉步移动时上体稍向右转,左脚从右脚前向右交叉迈出一步,然后右脚再向右侧方向跨出一大步,同时重心移至右脚,身体转向来球方向,保持击球前的姿势(图 2-5)。交叉步主要运用于来球在体侧 2~3 米,或二传手和拦网者在网前移动及防守两侧来球时。

图 2-5 交叉步移动

(四)跑 步

跑步时一脚蹬地起动,另一脚迅速向前迈出,两脚交替进行,两臂配合摆动,球在侧方或后方时,应边转身边观察球边跑。跑步主要运用于远距离的救球。

第二节 发 球

发球是排球比赛的一项重要的进攻性技术,它随着排球运动的发展而不断创新与提高。20 世纪 50 年代,大多采用勾手大力发球和正面上手发球,其特点是发出的球力量大、弧度低、带有上旋。20 世纪 60 年代初,飘球开始出现,正面上手飘球和勾手飘球被广泛采用。发出球的飞行轨迹不固定,有上下左右飘晃的现象,给接发球带来了很大的威胁。20 世纪 70 年代,发球方法没有大的创新和变化,但发球战术的运用有所发展,如采用同一种发球姿势,发出几种不同性能变化的球。20 世纪 80 年代,跳发球技术、远距离发飘球、高点平冲飘球的出现和广泛运用,加强了发球的攻击性。进入 20 世纪 90 年代以来,跳发球技术已在世界男、女排强队广泛运用,由单一的大力跳发球,发展为跳发飘球和跳发各种变化的旋转球,并且根据对方接发球阵容的特点,选择发球区的不同位置进行有针对性的跳发球,来提高发球的得分率和破攻率。

一、发球技术动作

(一)正面下手发球

正面下手发球是指发球队员面对球网,手臂由后下方向前摆动,在体前腹部高度击球过网的一种发球方法(图2-6)。其特点是动作简单,容易掌握,准确性大。但由于击球点低,球速慢,攻击性不强,这种发球方法只适合初学者。初学者学习这种技术后,有利于进行接发球练习和教学比赛使用。

图2-6 正面下手发球

1. 动作方法

(1)准备姿势:面对球网,两脚前后开立,左脚在前,两膝弯曲,上体前倾,左手持球置于腹前。

(2)抛球引臂:左手将球轻轻抛起在体前右侧,球离手约一球高度,同时右臂伸直,以肩为轴向后摆引臂。

(3)挥臂击球:右脚蹬地,身体重心随着右臂由后向前摆动而前移,在腹前以全手掌挥臂击球后下部;击球后,随击球动作重心前移,迅速进场比赛。

2. 技术要领

左手抛球低出手,右臂摆动肩为轴;击球一刹那不屈肘,掌根部位击准球。

(二)正面上手发球

发球队员面对球网站立,利用收腹转体动作带动手臂加速挥动,在头的右前上方用全手掌击球过网的发球过程(图2-7)。这种发球的击球点高,可以充分利用胸腹和上肢的爆发力,加之运用手掌的推压动作使球呈上旋飞行,不易出界,因此,它具有较强的攻击性和准确性。

图2-7 正面上手发球

1. 动作方法

(1) 准备姿势：面对球网，两脚自然开立，左脚在前，左手托球于体前。

(2) 抛球引臂：左手将球平稳地抛于右肩前上方，高度适中，同时右臂抬起，屈肘后引，肘与肩平，上体稍向右侧转动，抬头、挺胸、展腹、手掌自然张开。

(3) 挥臂击球：利用蹬地，使上体向左转动，同时收腹，带动手臂向前上方快速挥动。在右肩前上方伸直手臂的最高点处，用全掌击球的后中下部。击球时，手指和手掌要张开与球吻合，手腕要迅速做推压动作（图2-8），使击出的球呈上旋飞行。击球后，身体随着重心前移，迅速入场。

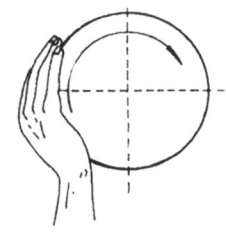

图 2-8　手腕前压动作

2. 技术要领

手托上抛高1米，同时抬臂右旋体；转体收腹带挥臂，弧形鞭甩应加速；全掌击球中下部，手腕推压要积极。

（三）正面上手发飘球

发球队员采用近似正面上手发球的形式，击球力量通过球体重心，使发出的球不旋转而不规则地飘晃飞行的一种发球形式（图2-9）。这种球使接发球队员难以判断其飞行路线和落点，由于发球队员是面对球网站立，便于观察情况和瞄准目标，所以攻击性和准确性较高。目前它在各类水平的比赛中均被男女队员广泛采用。

图 2-9　正面上手发飘球

1. 动作方法

(1) 准备姿势：近似正面上手发球，但左手持球的位置较高，约在胸前。站在离端线的距离变化较大，靠近端线或远离端线处。

(2) 抛球引臂：左手将球平稳地抛在右肩前上方，高度应稍低于正面上手发球，并稍靠前些。在抛球的同时，右臂上举后引，肘部适当弯曲，并高于肩，两眼盯住球的击球部位。

(3) 挥臂击球：与正面上手发球一样做鞭甩动作，但击球前手臂的挥动轨迹是自后向前做直线运动。击球时，五指并拢，手腕稍后仰，用掌根的坚实平面击球的中下部，使作用力通过球体重心。击球用力要快速，击球面积要小，触球瞬间，手指、手腕要紧张，不加推压动作。击球结束，手臂有突停动作。

2. 技术要领

抛球稍低略靠前,挥臂轨迹呈直线;掌根击球穿重心,击后突停不屈腕。

二、发球技术的运用

(一)找人、找区域

发球队员发球时应根据比赛中的具体情况,灵活运用稳定、凶狠相结合,找人(找接发球技术相对较弱的队员,找对方主要进攻的队员)、找区(找对方场上空当,找对方接发球队员的中间空当),发各种不同性能的球。

(二)变化性能与落点

无论是发旋转球还是飘球,发球队员运用不同的击球手法,发出不同性能的攻击性的球,根据对方接发球的站位情况,变换不同的发球落点。

第三节 垫球

垫球技术是排球的基本技术之一,在比赛中主要用于接发球、接扣球、接拦回球以及防守和处理各种困难球。接发球是组织一攻的基础,对得分夺权、争取少失分具有重要意义。接扣球是组织反攻的基础,是争取得分,由被动转为主动,稳定情绪,鼓舞士气,促进排球攻防平衡的重要手段。此外,在比赛中,队员有时还可用垫球来组织进攻,起着弥补传球的不足、辅佐进攻的作用。

一、垫球技术动作

(一)正面双手垫球

正面双手垫球技术是最基本的一种垫球方法,是各项垫球技术的基础,适合于接各种发球、扣球和拦回球,有时也用于垫二传。

1. 动作方法

(1)准备姿势:面对来球,成半蹲或稍蹲姿势站立(图 2-10)。

(2)垫球手型:两手掌根相靠,两手手指重叠,手掌互握,两拇指平行向前,手腕下压,两前臂外翻成一个平面。

(3)垫球动作:当球飞到腹前约一臂距离时,两臂夹紧前伸,插入球下,同时配合蹬地、跟腰、提肩、顶肘、压腕、抬臂等全身协调动作迎向来球,身体重心随着击球动作向前上方移动。

(4)击球点:保持在腹前高度。

图 2-10 垫轻球

(5)击球部位:用前臂的手腕关节以上 10 厘米左右的两小臂挠骨内侧所构成的平面击球的后下部(图 2-11)。

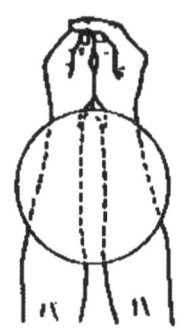

图 2-11 垫球部位

(6)击球后动作:在击球瞬间,两臂保持稳定,向抬臂方向送球,运用蹬地、跟腰、提肩压腕、向前抬臂的动作击球的后下部;垫击动作结束后,立即松开双臂做好下一动作的准备。

常用的双手垫球手型有三种,除前面已介绍的叠指式(图 2-12),还有抱拳式(图 2-13)和互靠式(图 2-14)。

抱拳式:两手抱拳互握,两拇指平行向前,两掌根和小臂外旋紧靠,手腕下压,使前臂形成一个垫击平面。

互靠式:两手腕紧靠,两手自然放松,手腕下压,两臂外翻,前臂形成一个垫击平面。

 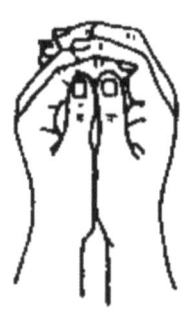 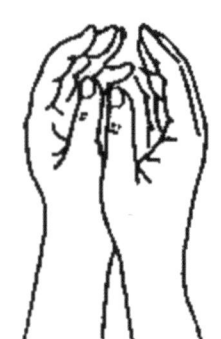

图 2-12 叠指式　　　　图 2-13 抱拳式　　　　图 2-14 互靠式

普遍常用的是叠指式和抱拳式,它们适应范围广,便于初学者掌握,在接发球、接扣球以及接一般球时都可采用。

2. 技术要领

两臂前伸插球下,两臂夹紧腕下压;蹬地跟腰前臂垫,击点尽量在腹前;撤臂缓冲接重球,轻球主动抬送臂。

(二)体侧垫球

体侧垫球是在身体侧面用双手垫球的一种击球方式。当来球飞向体侧,队员来不及移动正面对正来球时,可采用体侧双手垫球。其特点是伸臂动作快,控制范围大,但不易控制垫球方向,准确性不及正面双手垫球技术(图2-15)。

图 2-15 体侧双手垫球

1. 动作方法

如左侧垫球时,先以右脚前脚掌内侧蹬地,左脚向左跨出一步,重心移至左脚,保持两膝弯曲,同时,两臂向左侧伸出,左臂高于右臂,右肩微向下倾斜。击球时,用右转体和收腹的动作,配合提肩抬臂在身体左侧稍前的位置截住来球,用两前臂垫击球的后下部。来球在右侧时,以相反方向的动作击球。

2. 技术要领

向侧跨步侧前伸臂,向内转体提肩击球。

(三)背向双手垫球

队员背对垫球目标,从身前向背后双手垫球的一种垫球方式。背向双手垫球是在接应同伴起球后,球飞得较远而又无法进行正面垫球时,以及须将球处理过网时运用较多。其特点是垫击点较高,准确性稍差(图2-16)。

1. 动作方法

背向双手垫球时,要判断好来球的方向,快速移动到球的落点处,背对垫出球的方向,两臂夹紧伸直。击球时,用蹬地、抬头挺胸、展腹和上体后仰的动作带动两臂向后上方摆动抬送,以前臂触球的前下方,将球向后上方击出。背向垫球的击球点一般应在肩前上方。

图 2-16 背向双手垫球

2. 技术要领

蹬挺抬仰两臂摆,背对目标肩上击。

(四)其他垫球技术

1. 挡球

来球高,速度快,力量大,不便于传球和垫球时,队员用双手或单手在胸部以上挡击来球称为挡球。其特点是伸手动作快,挡击胸、肩部以上高度的来球较方便,可扩大防守范围,是垫球的重要补充。但挡球不便于协调用力,因而控制球的落点和方向比传、垫球差。挡球有双手挡球和单手挡球两种。

(1)双手挡球

双手挡球多用于挡击胸部以上力量大、速度快的来球,手型有抱拳式和并掌式两种。抱拳式是由两肘弯屈,一手半握拳,另一手外抱,两手掌外侧所组成的平面朝前(图 2-17);并掌式是由两肘弯屈,两手虎口交叉,两手掌外侧合并成勺形的击球面朝前(图 2-18)。

图 2-17 抱拳式

图 2-18 并掌式

挡球时,手臂屈肘上举,肘部朝前,手腕后伸,以手掌外侧和掌根所组成的平面挡击球的后下部。击球瞬间,手腕要紧张,用适度的力量将球向前上方挡起,击球点一般在脸额或两肩的前上方(图2-19)。

图 2-19　双手挡球　　　　　　　　　　图 2-20　单手跳起挡球

(2)单手挡球

单手挡球的击球点高,便于挡头部上方或侧上方的高球,有时对飞向身后的高球,可跳起用单手将球挡回(图2-20)。

二、垫球技术的运用

(一)接发球垫球

接发球主要运用正面双手垫球技术动作,但由于各种发球的特点和性能不同,接球的动作方法也有所不同。

1. 接一般发球

当对方用下手或上手发一般轻球时,由于球速比较慢,接发球队员在判断来球的方向和落点后,应及时取位并做好准备,采用正面双手中位垫球的动作,根据来球的轻重和垫击的距离恰当用力,以协调伴送动作将球垫向目标。

2. 接飘球

(1)接一般轻飘球

这种发球球速不快,带有轻度飘晃。接球时,首先队员要判断来球的落点,迅速移动取位对准球,且适当降低重心,待球开始下落时,将手臂插入球下垫击。

(2)接下沉飘球

来球的特点是球飞过网后,明显减速下沉并带有轻度飘晃。接发球时,队员应注意观察,站位适当靠前,判断落点后,要快速移动取位,重心下降前倾,用低姿垫球的方法将球垫起。

(3)接平冲飘球

平冲飘球的特点是弧度平、速度快、飘晃且平冲追胸,落点偏于后场区。接球时,队员提踵伸膝,升高重心,有时还可轻轻跳起以提高身体位置,保持在腹前击球;击球前,两臂要稍放松,以便随时转动对准飘晃不定的来球;击球时,主要靠充分提肩、顶肘、压腕的动作。若平冲来球较高,可采用让垫方法垫球。

3. 接大力发球

大力发球的特点是力量大、速度快、旋转力强,但球的飞行轨迹较规律,容易判断。接大力发球的站位要适当靠近中场。因来球弧线低,接球时身体姿势要低。对力量过大的球,队员不要抬臂加力,对准球后手臂不动,让球自己弹起。如击球点低时,队员可以翘腕垫球。

(二)接扣球垫球

1. 接重扣球

接重扣球是接扣球防守技术的重点。由于来球力量大、速度快,队员接球前应保持较低的准备姿势并采取低姿势移动,要根据对方扣球队员及本方拦网的情况来判断扣球路线和落点,迅速移动卡位对准来球,稳定重心,尽量用正面双手垫球动作将球垫起。如来球落点在体前或斜前方时,队员可向来球方向跨出一步,上体下压,用上臂或虎口部位击球下部;如来球落点在体前或体侧较远时,队员可跨步后继续蹬地,使身体贴近地面向来球方向伸展,用单手将球垫起,起球后,可用侧倒、侧滚等动作进行自我保护;如来球较平,在胸、脸、头部附近时,队员可用双手或单手挡球的动作来击球。总之,队员在接扣球时要运用多种垫球技术和各种动作方法来击球。但不管运用何种垫球技术,队员在接重扣球时都要十分注意缓冲,以期提高到位率,减少失误。

2. 接轻扣和吊球

在做好接重扣球准备的情况下,常常来不及向前移动时,队员可采用原地鱼跃、滚翻或前扑垫球的方法去接球。

3. 接快球

快球的特点是速度快、线路短、落点一般集中在前半场区。接好快球的关键是要预先判定好球的落点,抢先取位。准备姿势要低,但上体不宜过于前倾,两手臂位置也不宜太低,以便于向不同方向快速伸臂。击球手法要多样,单手双手,上挡下垫要灵活运用。

(三)接拦回球垫球

拦回球是指本方队员进攻被对方拦回的球。其方法是:

1. 取位

一般拦回球的落点集中在扣球队员身后和两侧,落在进攻线以后的球较少。因此,取位的重点应在前场进攻区内。

2. 准备姿势

拦回球大多是自上而下下落的,所以,准备姿势的重心要低,但上体要保持直立,不宜前倾,两手要置于胸前,以增加适应范围。

3. 击球动作

拦回球距离短、速度快、突然性大,加上准备姿势重心低和移动不便,因此在击球时,队员应根据不同的来球采用各种不同的垫球动作和击球手法。如接落在头部、头后及头侧附近的球,队员宜采用双手或单手挡球的方法将球击起,若来不及用手挡时,也可用上臂、肘部外侧及头部和肩部将球顶起;接快速下落且离身体有一定距离的球时,队员可采用半跪、前扑、侧倒等垫球动作来垫球。但无论采用双手还是单手垫球,队员都应使手伸到球的下部,从贴近地面的低处向上击球。

(四)垫其他球技术

1. 垫二传

当一传低而远,队员来不及移动到球下用上手传球做二传时,可采用垫球方法进行二传。垫击二传一般采用正面双手垫球动作。

2. 垫入网球

比赛中常有球因失去控制而飞入网内后反弹下落。要接好这种球,队员首先要判断准其入网的部位,掌握其反弹的方向、角度和落地点,再采用正确的方法来垫击。

球飞入网后,一般有三种反弹情况:球飞入球网的上半部或从高处下落入网,多为顺网下落,反弹角度很小,速度快,落点靠近中线;球飞入球网中部,则稍有反弹,下落速度较上部入网球稍慢,落点仍靠近中线;球飞入球网下部,因球网底绳的作用,反弹现象明显,且有一定的高度和远度。

对上述第一、二种情况,因球下落速度快,落点靠近中线,比较难接,队员在接球时要迅速移动到落点上,侧身对网,降低重心,手臂插入球下,以屈肘翘腕动作或脚击动作将球垫起。第三种情况则重心不宜太低,待判断反弹落点后从容将球垫起。如果是第三次击球,队员要采用外侧臂抬高,用双手向上向侧兜球的动作,使球前旋飞过球网。

第四节 传球

传球是排球运动中一项重要的基本技术,是组织进攻战术的基础。传球技术也随着排球技术的不断进步和战术的日趋丰富而不断发展。现代排球比赛中,除正面传外,背传、侧传、跳传、单手传及各种战术传球广泛被采用,使进攻战术丰富多彩,防不胜防。二传手被现代排球推崇为全队的"核心""灵魂"。

传球是用双手的配合动作来完成击球的,触球的面积大,加上手指手腕灵活、感觉灵敏,容易掌握传出球的方向、速度、弧度和落点,准确性高,变化多。由于传球的上述特点,在排球比赛中,传球主要用于二传,也常常被用来接对方的推攻球、被拦回的高球和接轻发球及轻扣球、二传吊球和处理球。

一、传球技术动作

（一）正面双手传球

正面双手传球是传球技术中最基本的一种传球方法，是掌握和运用其他各种传球技术的基础（图 2-21）。

图 2-21　正面双手传球

1. 动作方法

（1）准备姿势：采用稍蹲姿势，上体稍挺起，仰头看球，两手自然抬起，屈肘，放松置于脸前。

（2）迎球动作：当来球接近额前时，开始蹬地、伸膝、伸臂，手指微张从脸前向前上方迎出。全身各部位动作应协调一致。

（3）击球点：在脸额前上方约一球距离处。

（4）手型：手触球时，十指应自然张开使两手成半球状，拇指相对成一字型，手腕稍后仰，以拇指内侧、食指全部、中指的二、三指节触球的后下部，无名指和小指在球两侧辅助控球的方向。两拇指相对成近"一"字形（图 2-22）。

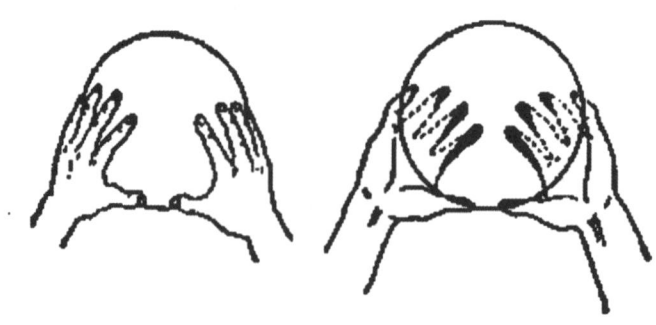

图 2-22　传球手型

(5)用力方法:在迎球动作基础上,在手和球即将接触前,手腕和手指要有前屈迎球的动作,当手和球接触时,各大关节应继续伸展,最后用手指手腕的弹力,配合下肢的蹬、伸协调用力将球传出。

2.技术要领

蹬地伸臂对正球,额前上方迎击球,触球手型成半球,指腕缓冲控制球。

(二)背向传球

背向传球是传球技术中的一种基本方法,在比赛中运用较多(图 2-23)。

图 2-23　背向传球

1.动作方法

(1)准备姿势:采用稍蹲准备姿势,上体比正面传球时稍后仰,双手自然抬起置于脸前。
(2)迎球动作:抬上臂、挺胸、上体后屈。
(3)击球点:在头上方,比正面双手传球略偏后。
(4)手型:与正面双手传球相同,但触球时手腕要稍后仰,掌心向上,拇指托在球下,击球的下部。
(5)用力方法:利用蹬腿、展体、抬臂、伸肘和手指手腕的弹力,把球向后上方传出。

2.技术要领

上体稍直臂上抬,掌心向上腕后仰;背部对正目标处,协调传球后上方。

二、传球技术的运用

传球技术在组织进攻中一般是第二次击球,是从防守转入进攻的桥梁和纽带,二传技术的好坏直接影响着进攻技术和战术的发挥。二传质量好,可以弥补一传和防守的不足,还可用假动作迷惑对方、牵制对方,达到助攻的目的。有时还可用二传技术直接吊球,起到出其不意,攻其不备的作用。

因此,二传技术在比赛中的作用十分重要。一个队必须要有优秀的二传队员和全队较高的调整传球技术水平,才能在比赛中取得好的成绩。

（一）二传的特点

网前传球多、移动转身动作多、传球手法变化多和进攻队员配合多等特点。

（二）二传队员的要求

(1)头脑冷静,视野开阔。
(2)移动快速,取位恰当。
(3)善于观察,应变力强。
(4)手法熟练,动作隐蔽。
(5)主动配合,任劳任怨。

（三）二传技术的运用

1. 顺网正面二传

这是二传中最简单、常用的技术。当一传来球时,二传队员身体不宜正对来球方向,要适当转向传出方向,尽量保持正面传球,使球顺网飞行。顺网正面二传可根据扣球手的需要和对方的拦网情况将球传高一点或低一点,拉开一点或集中一点。

2. 调整二传

将一传不到位或离网太远的球,调整成便于扣球队员进攻的球。在比赛中,场上每个队员都有做调整二传的任务。调整二传以传高、远球为主,所以队员要充分利用蹬地伸膝、伸臂及屈指腕的全身协调力量将球平稳传出。调整二传应根据扣球队员的位置来调整传球的角度、弧度和落点。传球路线与球网形成的夹角越小越利于进攻队员扣球(图2-24)。一般来说,调整二传时,传球的落点应在扣球队员的前方,离网不宜太近或太远,也不宜太拉开。

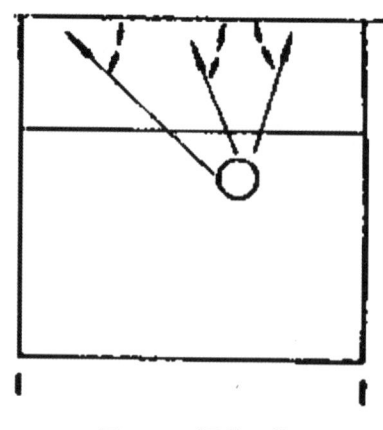

图2-24 调整二传

3. 背传

背向二传可利用球网全长,增加进攻点,使进攻战术更丰富,且有一定的隐蔽性和突发性。传球时,队员主要靠"手感"来控制传球的方向、速度和落点。背传拉开高球时,队员要充分利用蹬地、挺胸、展腹和向后上方提肩伸臂动作将球平稳传出。

4. 跳传

跳传主要用于传网上高球和即将过网的一传球。跳起二传可分为双手、单手和晃传三种。

(1) 跳起双手二传

跳起双手二传可以正传、侧传和背传。它主要是要掌握好起跳时间,在身体上升到最高点时传球,尽量提高击球点。这样既可提高进攻节奏,还有利于两次球进攻。

(2) 跳起单手二传

当一传高而将飞过球网,跳起后难以运用双手传球时,队员可用单手进行二传。单手传适于传近距离的低、矮球,不适宜传高远球。当一传球飞向球网上空时,二传队员侧身对网起跳,在空中最高点时,靠近球网一侧的手臂屈肘上举,手腕后仰,掌心向上,五指适当收拢,构成一个半球状手型,用伸肘动作传球,五指托住球底部向上弹击(图 2-25)。

图 2-25　跳起单手传

(3) 晃传

前排队员跳起做扣球动作,突然改扣为传,把球传给同伴进攻。晃传技术有两种:一种是在空中做佯扣动作后,仍面对球网用侧传方法将球转移给同伴进攻;另一种是在空中做扣球假动作以后,转身肩对球网,用正面传球方法将球传给同伴进攻。

5. 传快球

二传队员在传快球时,必须根据扣球队员的特点和扣球队员上步速度、起跳时间、弹跳高度和挥臂击球动作的快慢等,来决定传球的速度、高度、距离和出手时间,投其所好,主动把球"喂"到扣球队员最方便扣球的位置上。目前,传快球技术方法较多,但按其特点可分为两大类:一类是传低球,一类是传平球。

(1)传低球

传低球一般是指传近体快球、背快球、调整快球和快球掩护以及自我掩护后的实扣球(即半高球)。低快球的特点是球向上传,高度低,主要靠手指和手腕的"抖""翻"等动作加上适当的伸肘动作来传球。传球动作宜小,但击球点应高些,以提高快攻的节奏。

(2)传近体快球

传球高度为高出球网20~40厘米。根据扣球队员的特点和助跑起跳的情况,掌握好传球的速度和高度,一般是在扣球队员起跳同时,二传队员传球离手。击球点较高、肘关节微曲,手腕后仰程度较大,当扣球队员跳起在空中最高点时,球也传到了最高点(图2-26)。

图 2-26 传近体快球

(3)传背快球

传球的弧度和高度应尽量固定,以便扣球者主动去适应。传球时,队员侧对球网站立,击球点保持在头上方,手腕后仰,用"抖"的动作将球传向头后上方。

(4)传调整快球

二传队员需要迅速移动到球的落点上,上体稍向右转,使击球点保持在右侧上方,用正传或侧传动作将球传到扣球队员的前上方。击球时,二传队员要适当增加指腕的主动用力,掌握好传球方向和落点,使传出球的路线与扣球队员的助跑路线在网上相遇。

(5)传后排快球

这种球的高度要比近体快球稍高,离网的距离可根据后排扣球队员的冲跳能力而定,一般为1~2米。

(6)传交叉半高球

在近体快和背快球的掩护下,队员将球传向前或后稍拉开一点的距离,并稍高一点,就可组成各种交叉进攻战术。传球的高度、速度和距离应以对方拦网队员来不及连续起跳拦网,本方队员又能及时扣球为准。传球时,在击球点不变的情况下,队员应稍加大指腕的弹击力量。

(7)传时间差快球

在传近体快球的基础上,队员不改变任何动作,适当加大指腕的弹击力量,将球传得稍高一点,变近体快球为半高球,以便使佯扣近体快球的队员在晃过对方拦网后再原地起跳扣半高球。

(8)传位置差快球

二传队员佯做传短平快球,却突然翻腕向上传出半高球,把球传到离扣球队员假跳地点的侧面约一步远处。

(四)传球技术的其他运用

1. 接发球

在接轻发球、接推送过来的球以及接吊球较高和拦回较高的球时,队员可采用传球的方法,更能保证一传的准确到位。接速度较快的来球时,手指、手腕应保持适当紧张,伸臂动作要及时、快速,两手必须同时触及球体,以防止漏球和"倒轮"现象的产生。接对方推过来或吊过来的高球以及拦起的高球时,队员可用正面上手传球方法将球准确送到位,还可直接传两次球进攻,或突然直接将球快速传入对方空当。

2. 二传吊球

二传吊球是指二传队员在进行二传前的瞬间,突然改变传球动作和方向,将球传入对方空当。它是二传队员应该掌握的一项攻击性很强的传球技术。

第五节 扣球

扣球技术是排球基本技术中的重要技术,是排球比赛的重要得分手段。20世纪50年代,一般采用正面扣球和勾手扣球,在扣快球中,采用近体快和半快球,扣球方法比较单调。60年代,我国创造了平拉开快球,丰富了扣球内容,提高了扣球攻击性。70年代,是扣球技术发展迅速的时期,先后出现了短平快、背平快、时间差等扣球方法。我国在此基础上,又创造了空间差扣球技术,如前飞、背飞、拉三、拉四等自我掩护的扣球,后又出现了单脚起跳扣球和快抹球技术,使扣球变化更多,威力更大,进攻战术更加丰富多彩。80年代以来,扣球的发展和特点主要体现在:打破队员位置分工的限制,立体进攻配合被普遍采用,充分利用网长和纵深,前后排融为一体,更多地运用变向、变步的助跑起跳方法,使扣球技术向着高度、速度、力量及各种假动作方向发展,女子向男子的方向发展。20世纪90年代至今,扣球技术正在向着更加实用的高度加速度、强攻加快攻、力量加技巧、前沿加纵深的方向发展。

一、扣球技术动作

(一)正面扣球

正面扣球是扣球技术中最基本的一种方法。由于面对球网,便于观察,准确性较高,加之正面扣球挥臂动作灵活,能根据对方防守情况,随时改变扣球的路线和力量,控制落点,因而进攻效果较好。初学者必须掌握好正面扣一般球后,再学习其他扣球技术(图2-27)。

图 2-27 正面扣球

1. 动作方法

(1) 准备姿势

扣球助跑前采用稍蹲姿势,两臂自然下垂,站在离网 3 米左右处,身体转向来球方向,观察来球,做好向各个方向助跑起跳的准备。

(2) 助跑

助跑开始时,左脚先向前迈出一步,紧接着右脚再快速跨出一大步,左脚及时并上,踏在右脚之前,两脚尖稍向右转,两臂绕体侧向上引摆。

(3) 起跳

在助跑跨出最后一步(即第二步),左脚并上踏地制动的同时,两臂自后积极向前摆动,随着双腿蹬地向上起跳,两臂配合起跳有力地向上摆动。

(4) 空中击球

起跳后,挺胸展腹,上体稍向右转,右臂向后上方抬起,身体成反弓形。挥臂时,以迅速转体、收腹动作发力,依次带动肩、肘、腕各部位关节向前上方成鞭甩动作挥动(图 2-28)。击球时,五指微张,以掌心为主,全掌包满球,在手臂伸直的最高点的前上方击球的后中部,同时主动用力屈腕屈指向前推压,使扣出的球呈上旋(图 2-29)。

 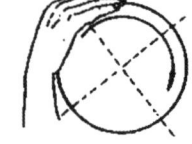

图 2-28 挥臂动作   图 2-29 推压动作

(5)落地

落地时,以两脚前脚掌先着地,再迅速过渡到全脚掌着地,同时顺势屈膝、收腹,以缓冲下落的力量,立即做好下一个动作的准备。

2.技术要领

助跑节奏慢到快,一步定向二步跨;后步跨上猛蹬地,两臂配合向上摆;

腰腹发力应领先,协调挥臂如甩鞭;击球保持最高点,全掌包球击上旋。

(二)单脚起跳扣球

单脚起跳扣球的最后一步以单脚踏地,另一只脚直接向前上方摆动帮助起跳,且起跳腿下蹲较浅,因而,它比双脚起跳动作快0.2秒左右。还由于它能充分利用助跑速度,加上右腿积极上摆的协调动作,比双脚起跳冲得更远,跳得更高。所以,它既能高跳扣定点高球,又能追球起跳扣低弧度球,有利于控制时间和空间,兼有位置差和空间差的特点,这对突破和避开拦网有较大作用。

1.动作方法

单脚起跳扣球时,队员可采用人与球网成小夹角或顺网的一步、二步或多步助跑。助跑的路线与球网的夹角宜小,以免造成前冲力过大而碰网或过中线犯规。助跑到最后,队员以左脚向扣球点位置跨出一大步,身体重心稍后倾,在右脚向上摆动时,左脚用力蹬地起跳,两臂积极配合上摆,帮助起跳,起跳后的扣球动作与正面扣球技术动作基本相似(图2-30)。

图2-30 单脚起跳扣球

2.技术要领

助跑起跳慢到快,单脚冲跳远又高;高球定点低球追,控好时间和空间。

二、扣球技术的运用

(一)近网扣球

击球点距网50厘米左右的扣球为近网扣球。这种扣球的特点是击球点高,路线变化多,威力较大,但对方易拦网。队员起跳后,抬头挺胸,但上体不宜后仰过大,手臂后拉幅度应稍大。队员主要利用猛烈的含胸动作发力,以肩为轴,向前挥动手臂,以上臂带动前臂,加强屈肘和甩腕的鞭打动作,以全掌击球的后中上部。为了防止触网,手击球后,整个手臂要顺势收回。

(二)远网扣球

击球点距网 2 米左右的扣球为远网扣球。这种扣球可以加大上体和扣球手臂的振幅,充分利用收腹、收肩动作,扣球力量大。由于距网较远,扣出的球角度较平,对方不易拦网。队员起跳后,抬头挺胸,上体后仰,身体成反弓形,击球点保持在右肩的上方最高点。用全掌击球的后中部,击球瞬间,手腕要有明显的推压动作,使球急速上旋飞入对区。

(三)调整扣球

扣从后场区调整传到网前的球为调整扣球。由于后场区调整传球的方向、弧度、落点不同,要求扣球队员灵活地运用各种助跑起跳方法(如多步、一步、原地踏跳、倒跨步、后撤步等),调整好人与球的距离,采用不同的击球手法,控制扣球的力量、路线和落点。在助跑时,队员应侧身看球。若球与网夹角小,应后撤斜线助跑;若球与网夹角大,则应外绕助跑。

(四)扣近体快球

扣球队员在二传队员体前或体侧约一臂距离处扣的快球叫近体快球。这种快球一般在一传到位而靠近网的情况下进行,动作方法与正面扣球大致相同,特点是二传距离短、速度快、节奏快,因而实扣效果和掩护作用好。

助跑路线宜与球网保持 45°～60°之间的夹角。队员助跑起动时间较早,跑速要快,一般是随一传球同时跑到网前,也可早于一传助跑。在二传队员传球出手时或出手前瞬间快速起跳,队员要浅蹲快跳,以便于加快起跳速度,跳起在空中等球。击球手臂后引动作要小,队员主要利用含胸、收腹的动作,带动前臂和手腕快速鞭打式挥动,用全掌击球的后上部。

(五)扣短平快球

在二传队员体前 2～3 米处,扣二传队员传来的快速平弧度球,称扣短平快球。由于这种球飞行速度快、弧度平,因而进攻节奏快,进攻区域宽,有利于避开拦网。扣短平快球一般采用外绕弧形助跑或正对网的直线助跑,与二传队员传球出手的同时起跳。队员起跳后,左肩侧对球网,当球飞至击球点时,截住球的飞行路线,利用迅速的含胸动作带动前臂和手腕加速挥动,以全掌击球的后上方。根据对方拦网的位置,队员还可提前或错后击球。

(六)扣 4 号位平拉开球

它是指在 4 号位标志杆附近,扣二传队员在 2、3 号位之间近网传过来的快速平弧度球。这种扣球速度快,进攻区域宽,有利于摆脱对方的集体拦网。在二传队员传球前,4 号区队员就要开始做外绕助跑,待二传队员出手后,扣球队员即在标志杆附近起跳,截击来球。扣球动作与短平快相同,但不能提前挥臂,要看准来球后再挥臂击球。这种扣球既可跳起前冲截打小斜线球,也可等球飞到标志杆附近后再作正面扣斜线或直线球。

(七)时间差扣球

队员利用起跳时间上的差异来迷惑对方拦网的扣球方法,称时间差扣球。这种扣球要求扣球队员按快球的节奏助跑摆臂,但在踏跳时并不跳离地面,只是做一个起跳的假动作,诱使拦网队员跳起拦网。待拦网队员跳起下落时,扣球队员立即原地起跳扣半高球。时间差扣球可运用于近体快、背快、短平快、背平快等扣球中。这种扣球的佯跳动作要逼真,实跳时动作要协调。

第六节 拦网

拦网是排球运动的基本技术之一,是排球比赛中的第一道防线,也是第一道进攻线。现代排球比赛中网上精彩激烈的争夺战就是扣球与拦网这一对矛盾的展开。高水平的排球比赛中,如果没有有力的拦网,后排防守将是非常困难的。拦网不仅可以将对方的扣球拦回、拦起,减轻后排防守的压力,而且可以直接将球拦死,使之成为得分的重要手段。此外,拦网还能干扰和破坏对方进攻战术的组织,削弱对方进攻的锐气,动摇对方的信心,给对方造成心理上的威胁。因此,拦网水平的高低,直接影响着比赛的胜负。拦网技术的提高和创新,对促进排球运动的发展有着重要的作用。以下重点学习单人拦网技术,介绍双人拦网技术。

一、拦网技术动作

(一)单人拦网

单人拦网如图 2-31 所示。

图 2-31 单人拦网

1.动作方法

(1)准备姿势

队员面对球网,两脚左右开立,约与肩同宽,距网30～40厘米,两膝微屈,两臂屈肘置于胸前。

(2)移动

常用的步法有一步、并步、交叉步、跑步等。无论采用哪种移动步法,队员都要做好制动动作,以保证向上起跳,避免触网和冲撞同队队员。

(3)起跳

原地起跳时,两腿屈膝,重心降低,随即用力蹬地,两臂以肩发力,在体侧近身处,作划弧前后摆动,帮助身体迅速跳起。移动后的起跳,其起跳动作与原地起跳一样,但要注意制动并使移动与起跳动作紧密衔接。

(4)空中动作

起跳时,两手从额前沿球网向上方伸出,两臂伸直并保持平行,两肩上提。拦网时,两臂应伸过网去接近球。两手自然张开,屈指屈腕成半球状。当手触球时,两手要突然紧张,手腕下压盖在球的前上方。

(5)落地

拦球后,队员要做含胸动作,以保持身体平衡。手臂要先后摆或上提,从网上收回至本方上空,再屈肘向下收臂,以免触网。与此同时,队员屈膝缓冲,双脚落地,随即转身面向后场,准备接应来球或做下一个动作准备。

2.技术要领

判断移动及时跳,两臂摆动伸网沿,提肩压腕张手捂,眼看扣球拦路线。

(二)双人拦网

由前排两个队员互相靠近,同时起跳组成的拦网,称双人拦网。双人拦网是集体拦网的一种,是比赛中最常用的一种拦网形式,主要在对方大力扣球时采用。拦网的技术动作与单人拦网相同。

双人拦网时,应以一人为主拦队员,另一人为配合队员。但主拦队员不是固定的,一般情况下距对方扣球点近的队员应为主拦队员。主拦队员必须抢先移动到对正扣球点的位置,做好起跳准备,配合队员则迅速移动靠近主拦队员,准备同时起跳。两队员之间的距离一定要合适:距离太远,跳起后将出现"空门";距离太近,起跳时互相干扰,致使双方都跳不高。双人拦网起跳时,两人的手臂应该在体前划小弧向上摆伸,都要尽量垂直向上起跳,要防止互相碰撞或干扰。手臂在空中既不能重叠,造成拦击面缩小,又不能间隔太宽,造成中间漏球。扣球靠近边线时,靠边线近的拦网队员外侧的手应适当内转,以防打手出界。

二、拦网技术的运用

(一)拦集中球

集中球的击球点在离标志杆以内一段距离的区域内。拦集中球的近网和远网球时,拦网者应以拦斜线为主,兼顾直线,当发现对方改变扣球路线时,要随即改换手法进行拦截。

(二)拦拉开球

拉开球的击球点多在标志杆附近的上空,应尽量组织集体拦网。如球的落点在标志杆处时,只要拦其斜线和小斜线。如果球的落点在标志杆以内时,外侧队员应拦其直线,在拦击球瞬间,外侧手的手腕应向内转,以防打手出界。

(三)拦快球

快球有许多种,但近体快球和短平快球是快球中最基本和最有代表性的两种。掌握了拦这两种快球的方法后,对拦其他的快球,队员只要判断准确、移动及时、应变能力强,就可以拦好。

1. 拦近体快球

近体快球的特点是:速度快,弧度低,击球点靠近球网。由于速度快,难以组成集体拦网,一般是采用单人拦网。拦网时,拦网队员应与扣球队员同时起跳或稍早一点起跳;起跳后要正对扣球队员,两手伸过球网接近球,力争把球罩住,使其无法改变扣球路线。

2. 拦短平快球

短平快的二传球是顺网平弧快速飞行,拦网时,要人球兼顾,重点是根据扣球人的助跑路线和起跳位置,进行取位,掌握起跳时间,一般应在正扣球人的起跳点和扣球人同时或稍早起跳。起跳后,队员要快速向对方场区上空伸臂,两手靠近球,堵其主要扣球路线。

(四)拦打手出界球

拦打手出界扣球时,靠近边线拦网队员的外侧手在拦击球的刹那,手掌应转向场内,以防打手出界。若遇对方有明显的打手出界或扣平冲球的动作时,拦网者应及时将手收回,造成对方扣球出界。

(五)拦远网扣球和后排扣球

远网扣球和后排扣球,击球点离网较远,扣球的过网区比近网扣球要宽,加上拦网者的手无法靠近击球点,因此,拦网的难度比拦近网扣球要大,应尽量组成集体拦网。拦网时,手要尽量向高处伸,堵截其主要的扣球路线。此外,拦这种扣球的关键是要掌握好起跳的时间和选择正确的起跳位置:一般情况下应在对方击球的一瞬间起跳(扣球点离网远时,起跳还应稍迟些);单人拦网时应在正对其主要扣球路线的位置起跳;集体拦网时,主拦队员在选择起跳位置时应留出一定的位置让同伴与自己配合进行拦网。

第三章 排球基本战术

第一节 排球基本战术概述

一、排球战术概述

排球战术是指运动员在比赛中根据排球竞赛规则、排球运动的规律、比赛双方的具体情况和临场变化,合理地运用个人技术,采取的有目的、有意识、有组织的个人和集体配合行动。排球战术是运动员所掌握的排球技术在比赛中的合理运用与发挥。比赛中,为夺取胜利,场上队员在规则允许的条件下,根据对手的情况合理分配力量,组成集体参与的攻防配合,以取得最佳的个人技术效果。因此,个人技术是全队集体战术的基础。一般来说,有什么样的技术就打什么样的战术,运动员的技术水平、个人特长、本队战术打法的指导思想、比赛对手的战术打法等因素是选择本队战术打法的重要依据。球队的技、战术水平达到一定的程度后,则要设计更为先进实用的攻防战术。在这种情况下,要打什么样的战术,就要练什么样的技术,从而使本队的技、战术水平不断提高。

二、排球战术的分类

排球战术的分类是根据排球运动的特点,将排球战术的内容分层次划分为相互衔接的体系,以便从整体上把握排球运动的战术系统。按照参与的人数,排球战术可分为个人战术和集体战术。个人战术是运动员在比赛中灵活地运用个人技术变化的行动,主要包括发球战术、一传战术、二传战术、扣球战术、拦网战术和后排防守战术等。集体战术体现了同伴之间统一的配合行动,它分为集体进攻战术和集体防守战术两大体系。集体进攻战术体系是由基本进攻阵型和战术打法组成。集体防守战术体系根据对方的4种来球形式,首先要布置好应对对方第1次来球的阵型,因为只有将对方的来球接起来,然后才能组织进攻,这样就形成了"接发球及其进攻(一攻)、接扣球及其进攻(防反)、接拦回球及其进攻(保攻)、接传垫球及其进攻(推攻)"4大战术系统,如图3-1为排球战术分类图。

在排球比赛中,攻与防是一个事物不可分割的两个方面,本方的进攻一定是在防对方来球的基础上展开的,因此,围绕对方的4种来球而形成的4大战术系统是整个排球战术体系的核心,排球界将其统称为"四攻系统"。

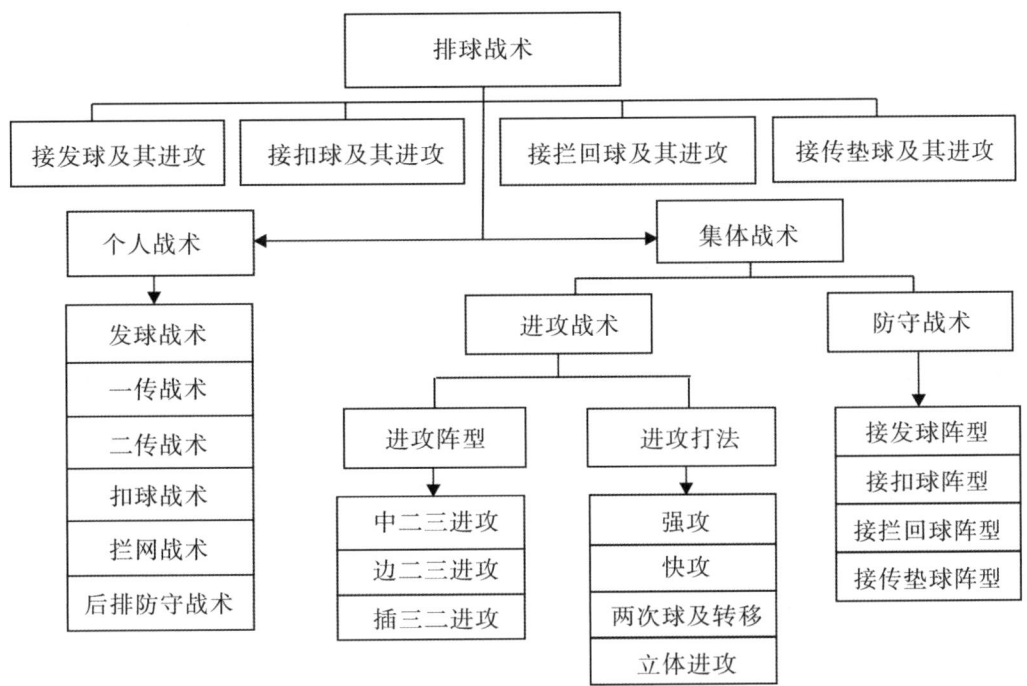

图 3-1 排球战术分类图（据北京体育大学《国家级精品课程教材-排球》，2009 改制）

第二节 阵容配备与交换位置

一、阵容配备

阵容配备是根据战术组织需要及队员的技战术特点，有针对性地、合理地安排主力队员、替补队员及位置分工，充分地调配力量，科学地组合人员的筹划过程，是合理使用队员、有效组织本队力量的一种战术组织形式。其目的在于把全队的力量有效地组织起来，扬长避短，最大限度地发挥每一个队员的作用和特长。

（一）阵容配备原则

1. 择优原则

选择思想作风顽强、心理品质过硬、身体素质好、技术全面和临场经验丰富的队员组成主力阵容。

2. 攻守均衡原则

每个轮次，力争做到攻守力量相对均衡，尽量避免弱轮次的出现。

3. 轮次针对原则

根据对方队员的位置，轮次安排要有针对性。如拦网能力强的队员对准对方攻击力强的队员,以遏制对方的进攻;遇对方进攻强的轮次时,可安排发球攻击性强的队员发球,以破坏对方的一传,阻止对方进攻战术的组成,取得先发制人的效果。

4.优势领先原则

轮次的安排要注意发挥本队的优势。如把发球攻击性最强的队员安排在最先发球的位置上,争取良好的开局,以鼓舞本队士气等。

(二)"三三"配备

由三名进攻队员和三名二传队员所组成的阵容配备称"三三"配备(图 3-2)。"三三"配备是初级的阵容配备,在青少年初级训练阶段,学习和掌握排球比赛的基本站位、轮转,基本技术的巩固、提高以及基本技术的运用,促进运动员全面发展,可以采用"三三"配备。

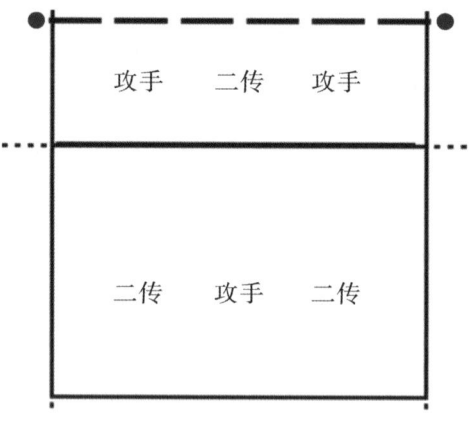

图 3-2 "三三"配备

(三)"四二"配备

由四名进攻队员和两名二传队员所组成的阵容配备,称"四二"配备(图 3-3)。场上有四名攻手两名二传手,每一轮均可采用插上战术,保证前排三点进攻,可组成更多的战术变化。在青少年训练进入专位阶段,可以采用"四二"配备。

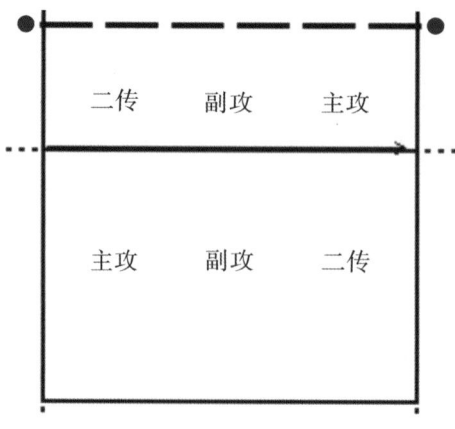

图 3-3 "四二"配备

(四)"五一"配备

由五名进攻队员和一名二传队员所组成的阵容配备称"五一"配备(图3-4)。二传对角是接应队员(亦称接应二传)。"五一"配备虽然有三轮前排只有二点进攻,但现代排球后排进攻的发展,充分弥补了二点进攻的不足,而且一名二传队员更容易统一、贯彻全队的战术意图,更容易形成默契的战术配合,是当前国内外高水平排球队普遍采用的配备阵形。

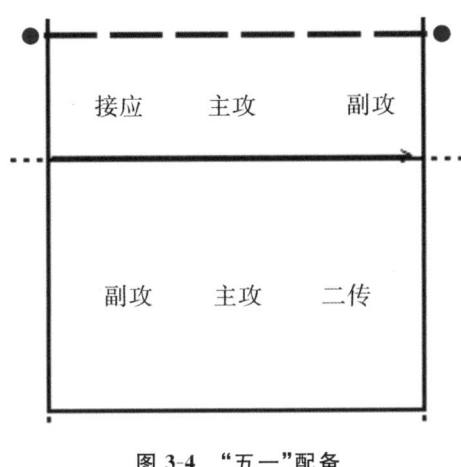

图3-4 "五一"配备

二、比赛中队员交换位置

(一)交换位置的概念

交换位置是为了最大限度地发挥每个队员的特长,调动一切积极因素,加强攻防力量,弥补阵容配备上的某些缺陷,在规则允许的条件下,场上队员的位置互相交换的方法。

(二)交换位置的目的

(1)充分发挥每名队员的特长,以取得扬长避短的效果。
(2)便于进攻和防守战术的组织,发挥攻、防战术的优势。
(3)采用专位分工的进攻和防守,以提高攻防战术的质量。

(三)交换位置的方法

1.前排队员之间的换位

(1)为了便于二传手组织进攻战术,把二传队员换到2号位或3号位。
(2)为了加强进攻力量,把进攻力量强的队员换到便于扣球的位置上,如右手扣球队员换到4号位,左手扣球队员换到2号位,扣快球的队员换到3号位等。
(3)为了加强拦网,抑制对方的重点进攻,把身材高大或弹跳力好及拦网能力强的队员换到 3 号位。

2.后排队员之间的换位

(1)为了发挥个人特长,后排队员各自换到自己熟悉的防守区进行专位防守。

(2)为了在比赛中便于运用行进间的"插上"战术,把二传队员换到 1 号位或 6 号位,以缩短插上时的距离。

(3)根据临场情况,把防守能力强的队员(如自由人)换到防守任务较重的区域。

(四)交换位时应注意的事项

(1)发球方的交换位置要求发球队员击球后,即开始换位,应力求迅速地换到预定位置,立即准备做下一个动作。

(2)接发球方的交换位置应首先准备接对方的来球,将发球接起后再换位,避免造成接发球混乱。

(3)换位时,队员之间要注意配合行动,防止互相干扰,做到互相弥补。

第三节 进攻基本阵形

一、"中一二"进攻阵型

前排一名队员在 3 号位担任二传,其他两名队员在 2、4 号位进攻,是基本的进攻阵形。这是青少年初级训练阶段,基本技术的巩固、提高及运用时采用的最基本的进攻阵型之一(图 3-5)。

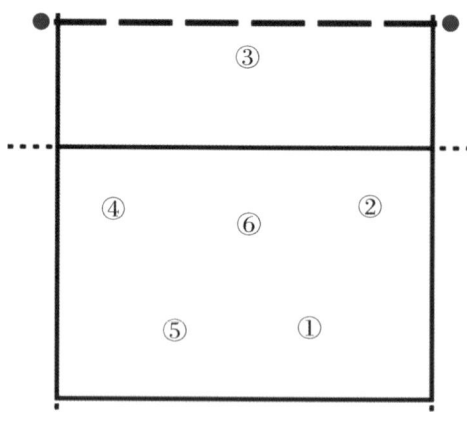

图 3-5 "中一二"进攻阵型

二、"边一二"进攻阵型

前排一名队员在 2 号位担任二传,其他两名队员在 3、4 号位进攻,也是青少年初级训练阶段,采用的最基本的进攻阵型之一(图 3-6)。当二传在 4 号位时,快速移动到 2 号位,仍形成"边一二"基本进攻阵型(图 3-7),也称反"边一二"进攻阵型。

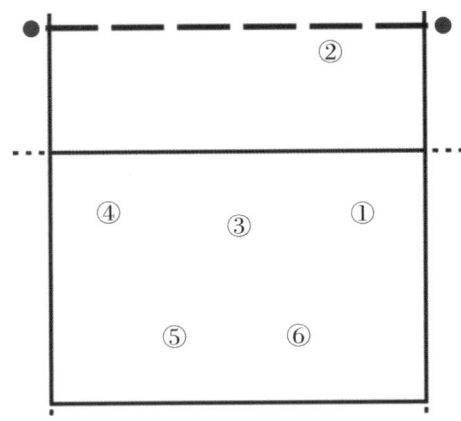

图 3-6 "边一二"进攻阵型

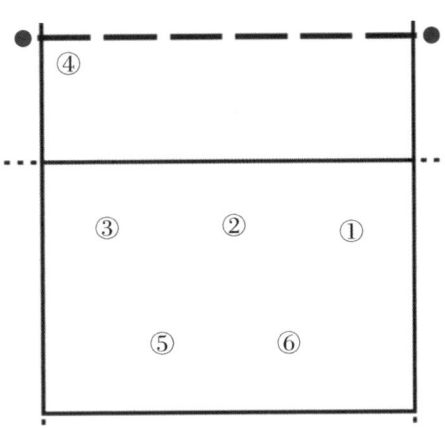

图 3-7 反"边一二"进攻阵型

三、后排"插上"

当二传队员在后排时插上到前排做二传,组织前排三名队员进攻的进攻阵形,如图3-8、图 3-9。当前,高水平排球队当二传在后排时,不论是接发球进攻,还是防守反攻,均采用插上进攻阵型。

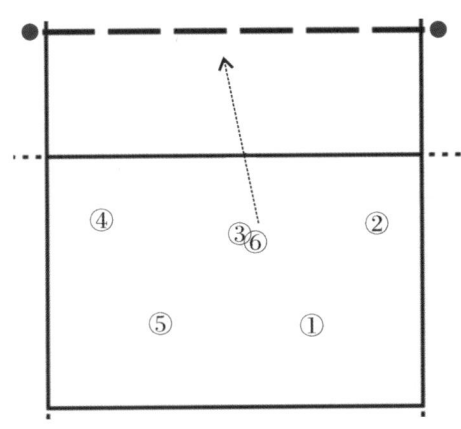

图 3-8 "插上"进攻阵型

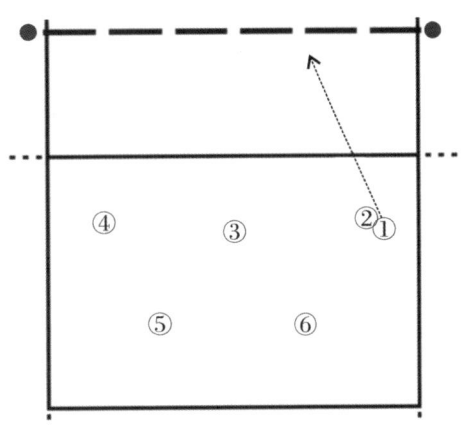

图 3-9 "插上"进攻阵型

第四节　接发球站位阵形

一、五人接发球站位阵形

（一）"W"站位阵形

前面 3 名队员接前场区的球，后排 2 名队员接后场区的球，也称"一三二"站位阵形（图 3-10）。这是基础的接发球站位阵型，是青少年初级训练阶段或接发球比较弱的队采用的接发球阵型。

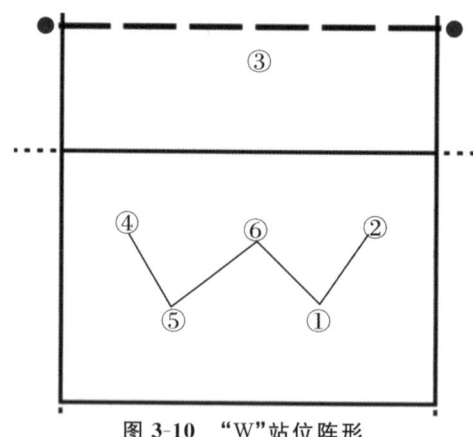

图 3-10　"W"站位阵形

（二）"M"站位阵形

前面 2 名队员接前区球，中间队员负责中区的球，后面 2 名队员接后区球，也称"一二一二"站位（图 3-11）。

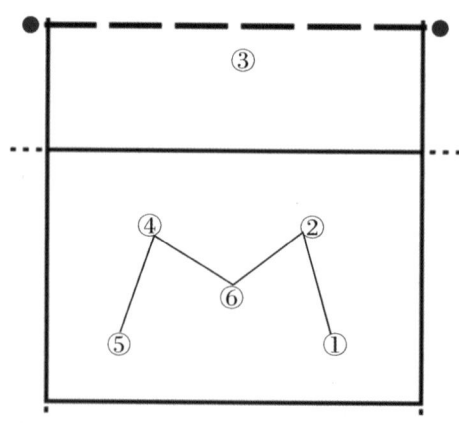

图 3-11　"M"站位阵形

(三)"一"字形站位阵形

接发球时,5名队员"一"字形排开,左右距离较近,每人守一条线,互不干扰(图3-12)。"一"字形站位是接跳发球、大力发球、平冲飘球的有效站位阵形,这几种发球的落点大多集中在球场中后区。

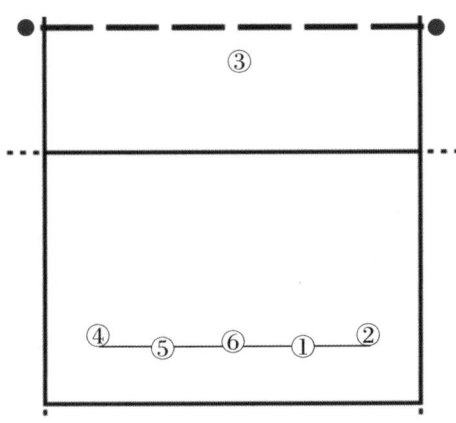

图3-12 "一"字型站位阵形

二、四人接发球阵形

由于四人接发球的难度比五人接发球难度大,所以,青少年运动员在具备较高技战术水平后,根据本队的技战术特点和需要,选择四人接发球。接发球主要根据对方发球的特点、线路、落点,以及本方的接发球能力、战术特点和需要,选择接发球的阵型与站位。

(一)"浅盆"形站位阵形

这种站位阵形主要接对方落点靠后或速度平快的发球(图3-13)。

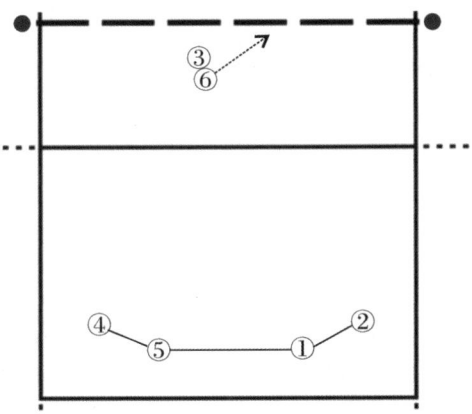

图3-13 "浅盆"型站位阵形

(二)"深盆"形站位阵形

发球队员比较均匀地分散在场内,主要接对方下沉球及长距离飘球(图 3-14)。

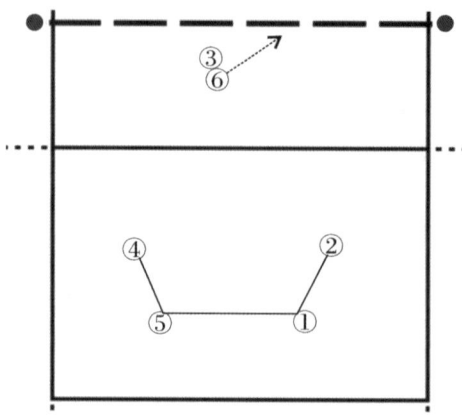

图 3-14 "深盆"型站位阵形

(三)"一"字形站位阵形

这种站位阵形主要是接对方跳发球、大力球及平冲球(图 3-15)。

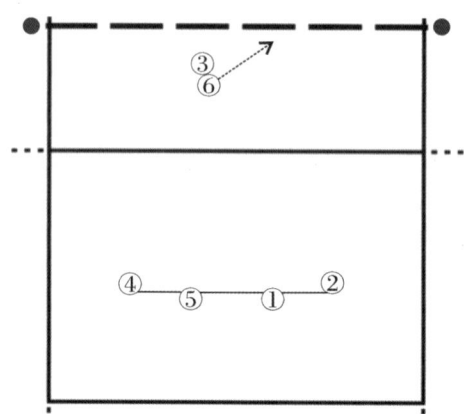

图 3-15 "一"字型站位阵形

三、三人接发球阵形

由于三人接发球时每个队员接发球的面积大,对运动员的接发球技术、能力提出了更高的要求,当前在国内外强队,特别是男排广泛采用了三人接发球站位阵型。

(一)"前1后2"站位阵形

由 1 名前排队员和 2 名后排队员担负起全场的接发球(图 3-16)。

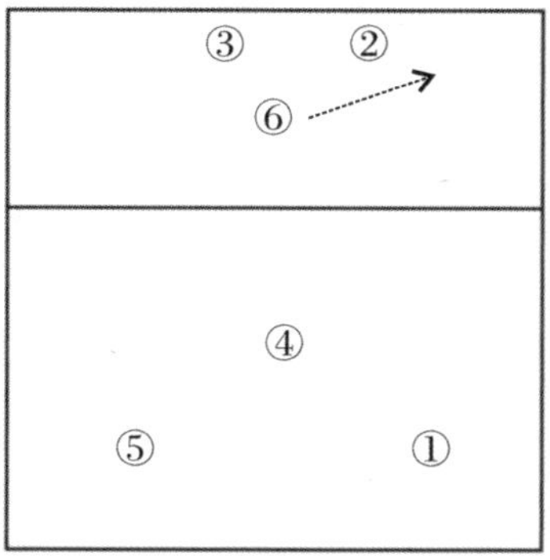

图 3-16 "前1后2"站位阵形

（二）"后3"站位阵形

这种站位阵形是由后排3名队员担负起全场的接发球（图3-17）。

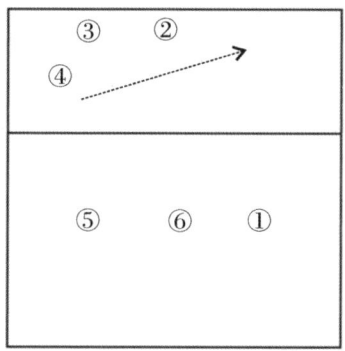

图 3-17 "后3"站位阵形

四、接发球个人战术运用

接发球个人战术的任务体现在队员能够根据临场情况，发挥自身接发球能力的优势，合理运用接发球技术动作将对方的发球有意识、有目的地垫至网前二传位置，为本方提供最优质的一传，保证同伴或集体的进攻打法能顺利进行。排球的各种进攻战术打法对一传的方向、弧度、速度、落点有不同的要求。具体的接发球个人战术运用有以下几个方面：

（一）根据本方进攻打法接发球

快攻，一传弧度略平些、球速应稍快，以加快进攻节奏；一般强攻，球的弧度要高一点，让进攻队员和二传有更多的准备。

（二）根据场上站位控制接发球

队员以网前二传处为基准，根据自己在临场所处的方位有目的、有意识地控制接球动作和接球效果,运用垫球的角度和弧度,将球稳、准地送到二传位置,为本方组织一攻打下坚实基础。

(三)根据本方传、扣特点接发球

二传个子高且有跳传球的能力和习惯,一传的弧度稍高一点,为二传创造快速高点传球的机会;在实施某种战术时,队员要有意识地、主动承担接发球任务,让进攻队员更好、更快捷地完成战术扣球。

(四)根据自身的技术特长接发球

能够早判断、取位准、脚步移动快,接球技术动作要合理运用,就要尽量扩大接发球区域;运动能力越强,运动中控制活动范围越大,找准时机协助同伴接球以减轻压力和减少本方一传的不到位、失误。

(五)根据临场双方情况接发球

队员与同伴配合有意识地直接将球传、垫,组织两次攻;或寻机直接将球传、垫、挡至对方场区空当处。

第五节 进攻战术

一、快球进攻

二传队员将球或快或平传给扣球队员,扣球队员快速挥臂击球,称为快球进攻。根据二传组织快球进攻时传出球的方向和距离,快球进攻有近体快、短平快、背快、背短平快、背溜和平拉开等。

(一)近体快球

在二传队员体前或体侧50厘米左右扣出的快球,统称为近体快球。由于近体快球的传球距离短,所以传球速度快、节奏快,通过与队友配合具有很强的掩护作用。扣近体快球时,扣球队员随一传助跑到网前,当二传传球时,在其体前或体侧近网处迅速起跳,起跳后快速引臂、挥臂,将刚刚传出的球扣入对方场区。击球时,队员可以通过转体、转腕改变扣球线路以避开拦网手。

(二)短平快

在二传队员体前约2米处,扣二传队员传过来的高速平快球,称短平快球。这种扣球由于传球速度快,因而进攻的节奏快;且二传球弧度平,进攻区域宽,有利于避开对方拦网。扣短平快战术球,可根据对方拦网手的位置提前或错后击球。

(三)背快

在二传背后约 50 厘米处扣的快球,称为背快球。这种战术球与近体快球的打法相同,所不同的是,二传队员看不见扣球队员的动作,对二传队员传球的稳定性、节奏的把控提出了更高的要求,同时也需要扣球队员主动配合、适应二传。

(四)背平快

在二传队员背后约 1.5~2 米处扣背传过来的高速平快球,称为扣背短平快,打法与短平快类似。与背快球一样,由于二传队员看不见扣球队员的动作,这种战术球对二传队员传球的稳定性、节奏的把控提出了更高的要求,同时也需要扣球队员主动配合、适应二传。

(五)背溜

二传传出的背溜球与球网平行飞向标志杆,攻手从 3 号位与球网形成较小的夹角处快速助跑,单脚起跳扣标志杆附近的低平球。队员通过背溜速度快、弧度低且拉开的特点,甩开对方拦网,同时攻手在空中可以选择更多的击球过网点突破。背溜扣球对二传队员传球的速度、弧度、稳定性,以及对扣球队员助跑节奏的把握、扣球击球点的选择,二传队员与扣球队员之间的默契配合等均有比较高的要求。

(六)平拉开

在 4 号位标志杆附近扣二传从五六米远处传来的快速平快球,称为平拉开快球。其特点是能有效地利用网长及进攻区域宽度,争取有利的时间和空间,摆脱对方拦网。在二传队员传球前,4 号位队员开始进行外绕助跑,待二传出手后,扣球队员在标志杆附近起跳,截击来球,根据对方拦网手的位置选择突破的击球点。

二、交叉进攻

交叉进攻是一名扣球队员做快球掩护,另一名扣球队员与其做交叉换位扣半高球的打法。

(一)"前交叉"进攻

4 号位队员快速跑动到 3 号位做近体快球佯攻掩护,3 号位队员先做直线前移,最后一步突然向左横跨,在 4 号位队员左侧扣半高球(图 3-18)。

(二)"后交叉"进攻

3 号位队员做近体快佯攻掩护,2 号位队员交叉跑动到 3 号位队员左侧扣半高球(图 3-19)。

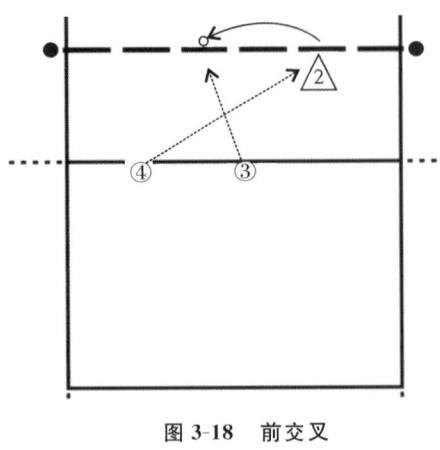
图 3-18 前交叉

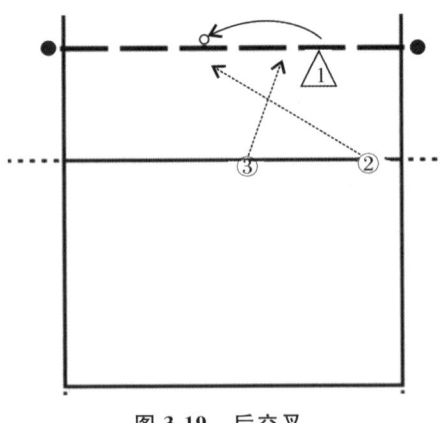
图 3-19 后交叉

(三)"背交叉"进攻

2号位队员做背快伴攻掩护,3号位队员交叉跑动到二传队员背后扣半高球(图3-20)。

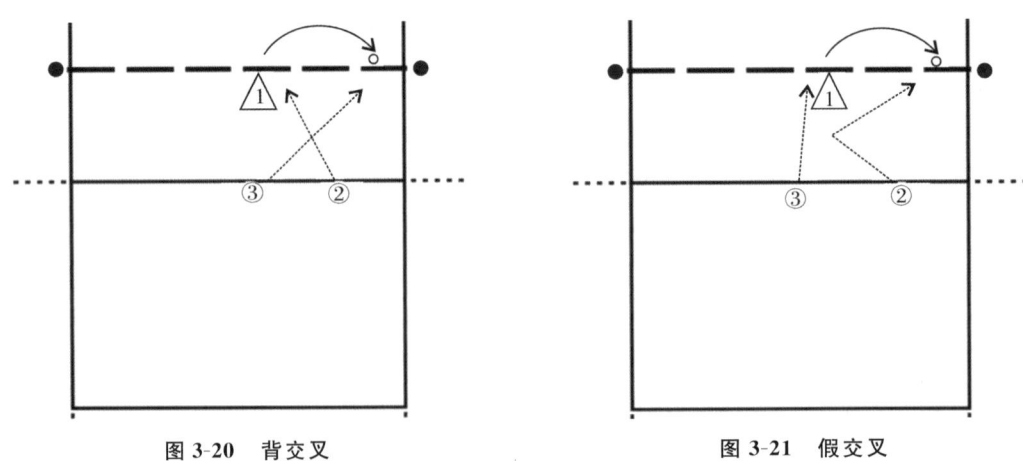

图 3-20 背交叉　　　　　　　图 3-21 假交叉

(四)"假交叉"进攻

3号位队员做近体快伴攻掩护,2号位队员佯做"后交叉"进攻的移动,最后一步突然折回2号位扣半高球(图3-21)。

三、夹塞进攻

夹塞进攻是一名队员做短平快或背平快(含背飞)伴攻掩护,另一名队员快速跑动至二传手与快攻掩护队员之间扣半高球。

(一)前夹塞

3号位队员做短平快伴攻掩护,4号位队员快速跑动,夹在二传手与快攻掩护的3号位队员之间扣半高球(图 3-22)。

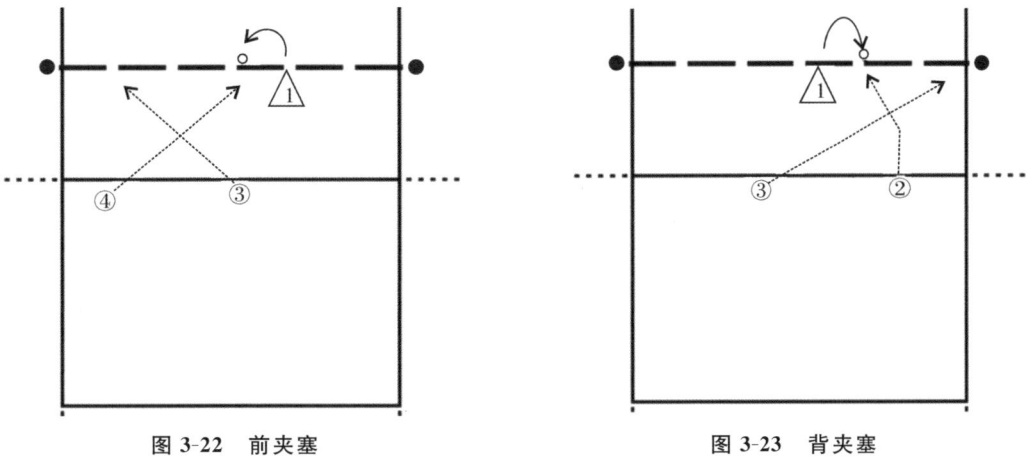

图 3-22　前夹塞　　　　　　　图 3-23　背夹塞

（二）背夹塞

3 号位员做背平快（含背飞）佯攻掩护，2 号位队员先做直线前移，然后快速跑动，夹在二传手与快攻掩护的 3 号位队员之间在二传手背后扣半高球(图 3-23)。

四、梯次进攻

一名进攻队员做快攻掩护，另一名进攻队员在其背后（横向或纵向）扣离球网稍远的半高球，形成在一个点上以多打少的有利局面。

4 号位队员做短平快佯攻掩护，3 号位队员在其背后扣半高球(图 3-24)。

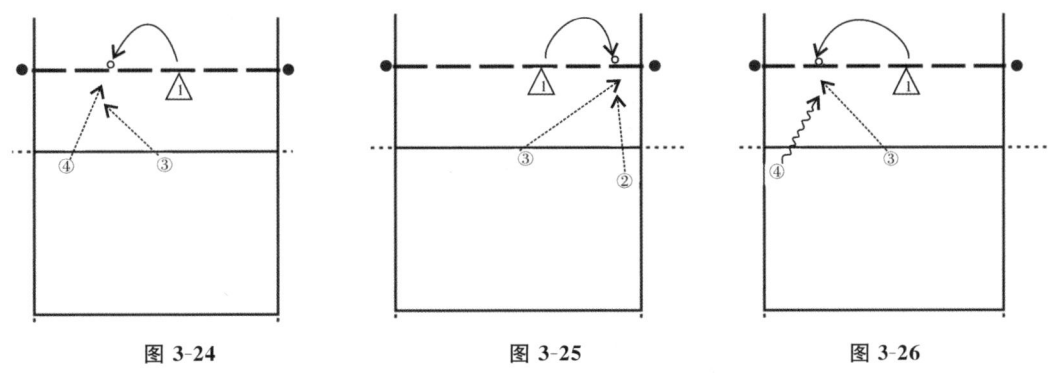

图 3-24　　　　　图 3-25　　　　　图 3-26

3 号位队员做背快或背平快佯攻掩护，2 号位队员在其背后扣半高球(图 3-25)。
3 号位队员做短平快佯攻掩护，4 号位队员在其背后扣半高球(图 3-26)。

五、双快和三快进攻

前排两名或三名队员在不同地点同时发动快攻。

3号位队员做近体快球进攻,2号位队员做背快球进攻(图3-27)。

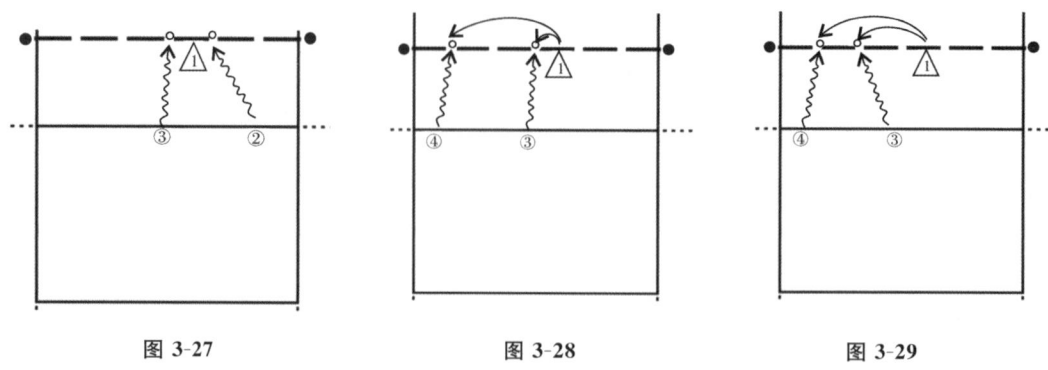

图3-27　　　　　　　图3-28　　　　　　　图3-29

3号位队员做近体快球进攻,4号位队员做短平快进攻(图3-28)。

3号位和4号位队员分别扣一长一短两个短平快球(图3-29)。

2号位队员扣背快,3号位队员扣近体快,4号位队员扣短平快(图3-30)。

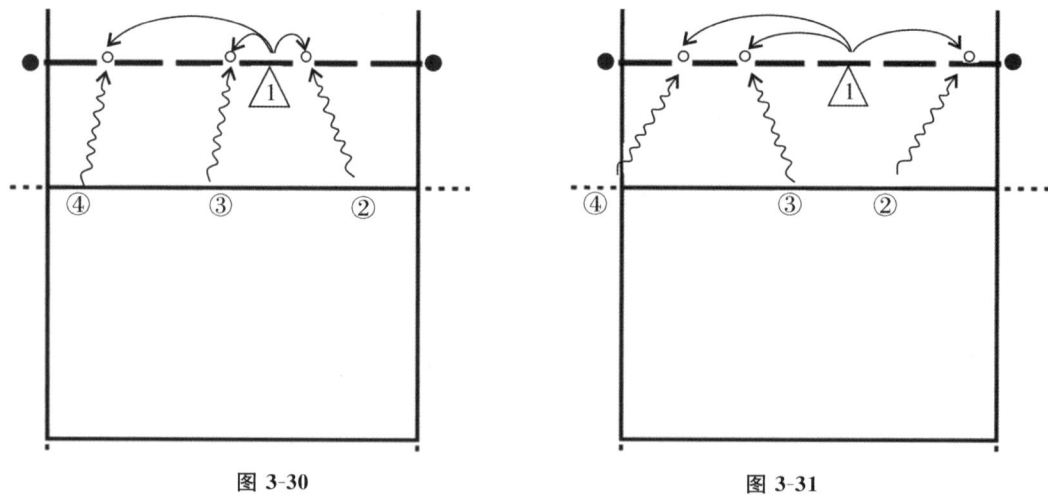

图3-30　　　　　　　　　　　　图3-31

2号位队员扣背溜,3号位队员扣短平快,4号位队员扣平拉开(图3-31)。

六、双快一跑动进攻

在双快的基础上,另一队员跑动在对方拦网的薄弱区域完成进攻:

4号位队员做短平快伴攻掩护,2号位队员同时做背快伴攻掩护,3号位队员做跑动进攻(图3-32)。

3号位队员做短平快伴攻掩护。2号队员同时做背快伴攻掩护,4号队员做跑动进攻(图3-33)。

4号位队员做短平快伴攻掩护,3号位队员同时做背快伴攻掩护,2号位队员做跑动进攻(图3-34)。

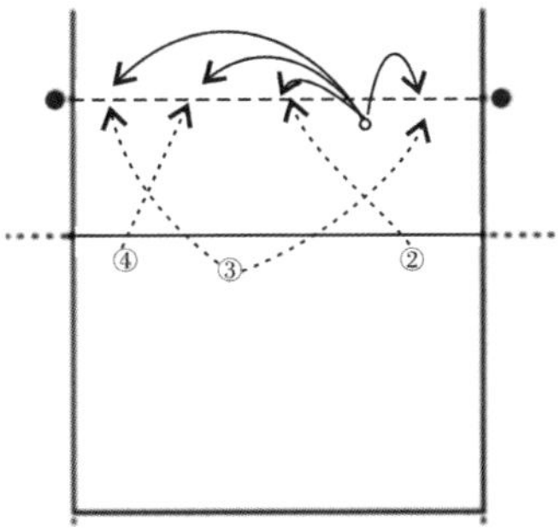

图 3-32 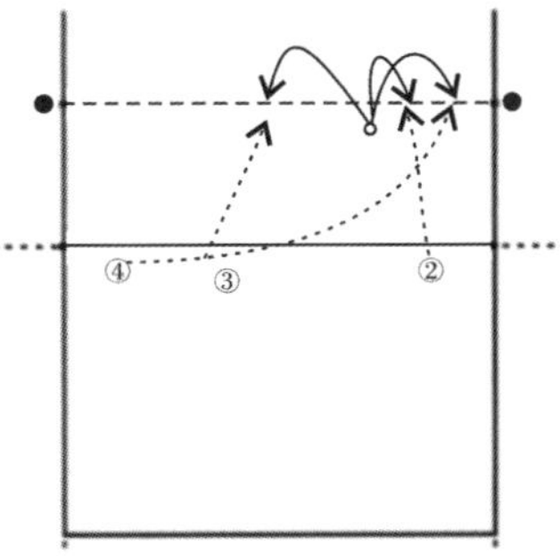　　　　　　　图 3-33 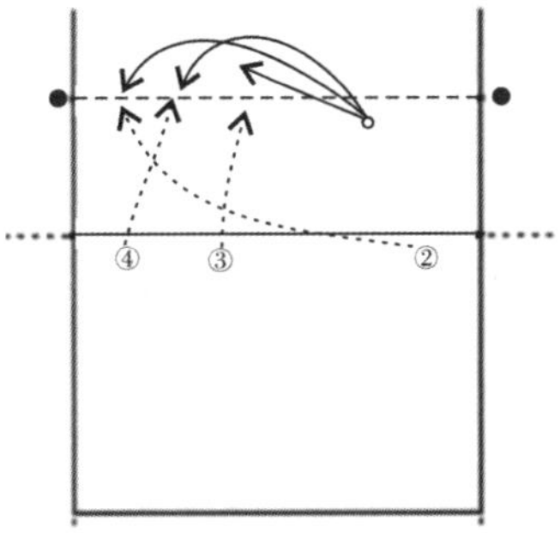　　　　　　　图 3-34

七、时间差进攻

扣球队员佯作扣快球或短平快球的起跳动作，但实际并未跳起，让对方拦网队员起跳拦网，待对方拦网者下落时，再迅速原地起跳扣半高球或小弧度球，造成对方拦网在起跳时间上的差错。

八、立体进攻

在前排只有二点攻时，为了突破对方的拦网，后排进攻显得更加重要和必要。在前排的主攻和副攻相互配合，牵制对方拦网队员，在对方拦网薄弱区域，后排接应队员1号位或后排主攻队员在5、6号位进行后排进攻。

副攻3号位近体快球，主攻冲进打短球，后排接应在1号位后排进攻（图3-35）。

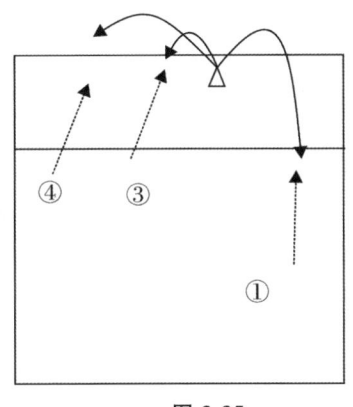

图 3-35

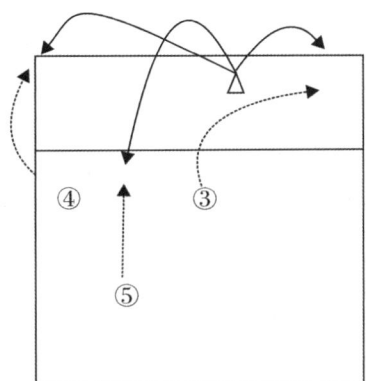

图 3-36

副攻背溜，主攻4号位定点平拉开，后排主攻在5号位后排进攻（图3-36）。

第六节 接扣球防守阵形

一、单人拦网防守阵形

初级训练水平的队,在对方进攻威力不大或吊球较多时,可采用单人拦网防守阵形。排球队可指定前排个子高大或拦网较好的队员拦网,一名前排队员后撤防吊球或防拦网后落在前场区的球,另一前排队员撤下与后排三人组成"马蹄形"防守阵形(图3-37)。

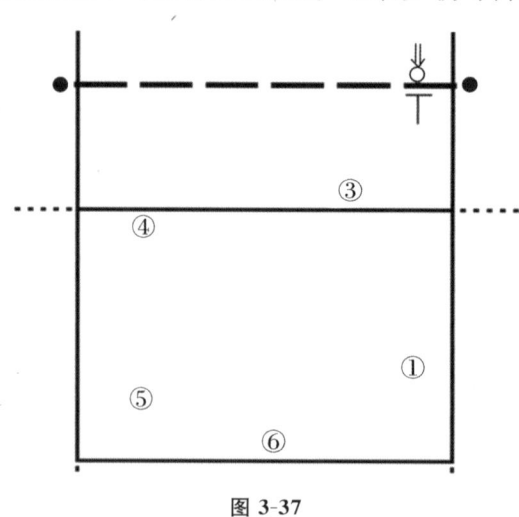

图 3-37

二、双人拦网"边跟进"防守阵形

当对方进攻时,防守一方采用前排邻近位置的两人配合组成双人拦网,另一侧不拦网的队员撤下防守,后排防直线的队员跟进负责防前区的球,这是"边跟进"防守的基本阵形。根据对方扣球和本方防守水平的不同,队员可采用下列灵活变化:

(一)活跟

对方进攻灵活地运用扣、吊结合的打法时,防守直线位置的队员通过自己的判断决定是防后场还是跟进防前场。当他跟进时,6号位队员应向跟进队员一侧移动补位,防止对方推吊空当(图3-38)。

(二)死跟

防守直线的队员无论对方是扣球还是吊球,都跟进保护,6号位队员移动补位防守直线。这种阵形常用于对方进攻直线少而吊球较多时(图3-39)。

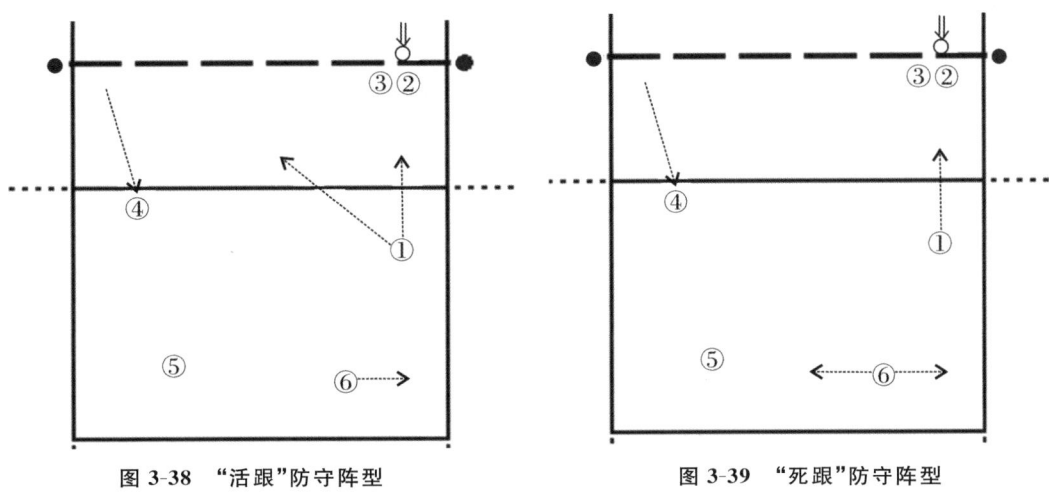

图 3-38 "活跟"防守阵型　　　　图 3-39 "死跟"防守阵型

（三）内撤

采用"活跟"防守时，为了加强防守前场的吊球，不参加拦网的2号（或4号）位队员内撤至进攻线附近区域进行防守（图3-40）。

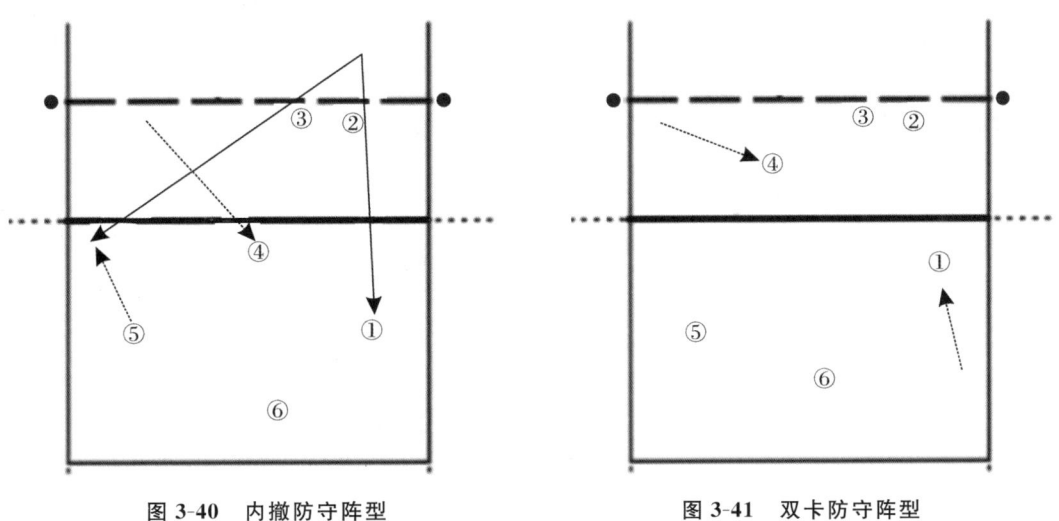

图 3-40 内撤防守阵型　　　　图 3-41 双卡防守阵型

（四）双卡

对方进攻灵活运用扣、吊结合，本方在采用"死跟"防守时，让不拦网队员内撤防守中场，后排两人防守后场（图3-41）。

三、双人拦网"心跟进"防守阵形

它又称"6号位跟进"防守，即6号位队员跟进防前场区的吊球、拦起的球，其他两名后排队员防守后场区所有的球，不拦网队员后撤防守。这种阵形在对方打、吊结合，而本方拦网能力较强时采用(图 3-42)。

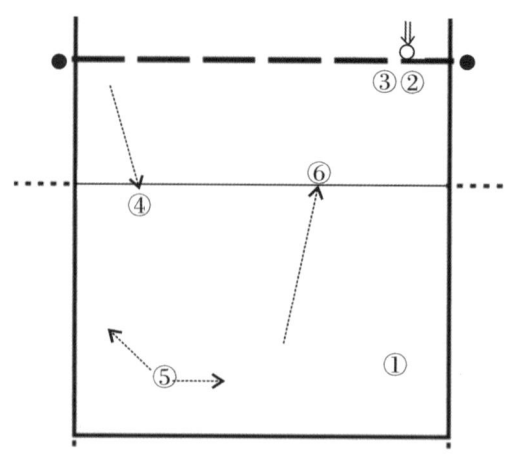

图 3-42 "心跟进"防守阵形

四、三人拦网防守阵型

三人拦网是集体拦网的一种形式。它是在对方扣球进攻力强,路线变化多,而且很少轻扣和吊球时采用。三人拦网的动作和双人拦网的动作相似。其关键在于:迅速移动,取位恰当,配合密切。拦对方 3 号位前排或后排进攻时,以 3 号位队员定位,2、4 号位队员配合拦网。其基本防守阵型有 6 号位压底(图 3-43)和 6 号位跟进(图 3-44)二种。

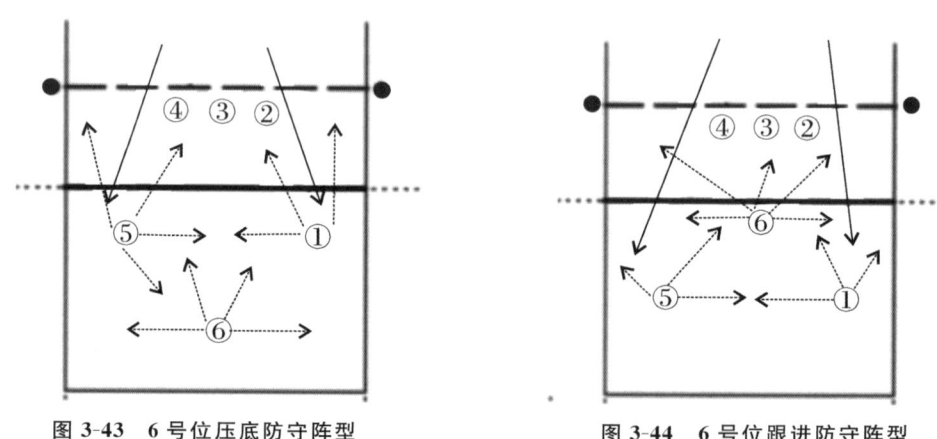

图 3-43 6 号位压底防守阵型　　　　图 3-44 6 号位跟进防守阵型

五、接扣球防守基本要求

(1)精力高度集中、注意预判、及时取位并快速移动,加强手臂和身体对来球的缓冲动作以及垫球时对平面、角度、弧度、速度的控制。

(2)接扣球防守时前排拦网,主拦队员要快速移动并准确取位,起跳时与同伴之间的配合组成尽可能大的阻拦面(间隔距离、身体重心、网上空中手间距),后排防守应面对进攻队员,任何后排防守阵型都要组成半弧线形防守圈。

(3)后排防守必须与前排拦网密切配合,前排拦对方主要进攻线路,后排则注意防守其他空隙和吊球、轻扣等;前、后排应相互配合,在各自的防守区域各尽其责并做好弥补和接应的准备。

(4)特别强调相互呼应、相互鼓励,发扬勇猛顽强、不怕摔打的拼搏精神。

第七节　接拦回球防守阵形

一、五人接拦回球阵形

本方强攻时,进攻点明确,除进攻队员外,其他5名队员可以形成以下阵形接拦回球:

(一)"三二"阵形

这种阵形在对方拦网强,拦回球落点比较集中时采用。如当本方4号位进攻,3、5、6号位队员组成第一道防线,1、2号位队员组成第二道防线(图3-45)。

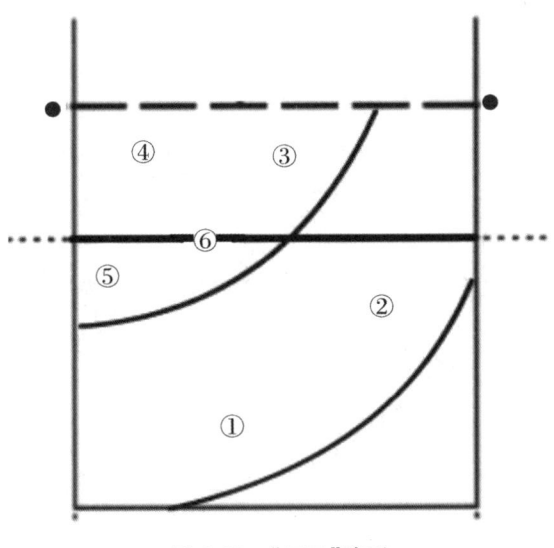

图 3-45　"三二"阵形

(二)"二二一"阵形

这种阵形在对方拦回球落点比较分散时采用。如当本方4号位进攻,3、5号位队员负责前场区防守,2、6号位负责中后场区防守,1号位队员在端线附近负责后场区防守(图3-46)。

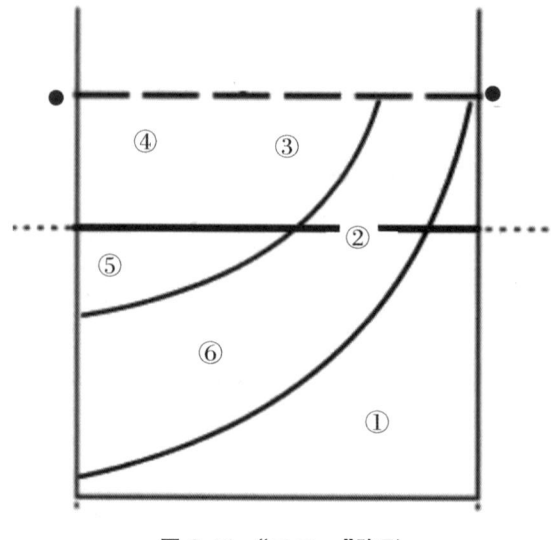

图 3-46 "二二一"阵形

（三）"二三"阵形

在对方拦网能力一般、拦回球落点比较分散时采用。如当本方 4 号位进攻,3、5 号位队员负责前场区,1、2、6 号位队员负责中场区和后场区防守(图 3-47)。

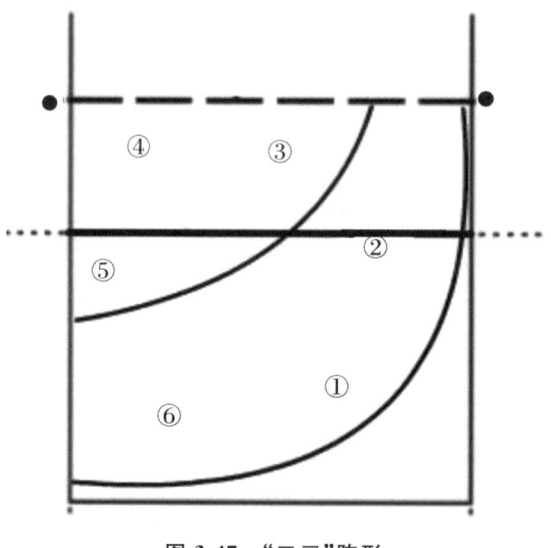

图 3-47 "二三"阵形

二、四人接拦回球阵形

本方以插上及快球进攻为主时,进攻点经常变化,除进攻队员及二传外,只有 4 名队员能参加接拦回球。如当本方 3 号位快球进攻时,4 号位队员下撤,1 号位队员跟进,4、1 号位队员负责前场区防守,5、6 号位队员负责中、后场区防守(图 3-48)。

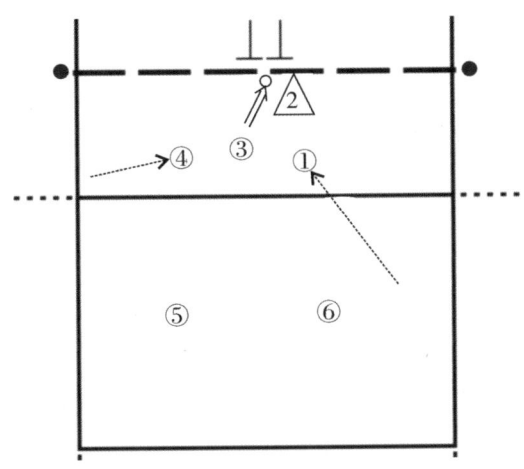

图 3-48　四人接拦回球阵形

三、三人接拦回球阵形

本方以前排快攻配合为主时,进攻点变化较大,前排 3 名队员在掩护、跑动,二传队员组织进攻后立即参与接拦回球,形成三人接拦回球防守阵形(图 3-49)。

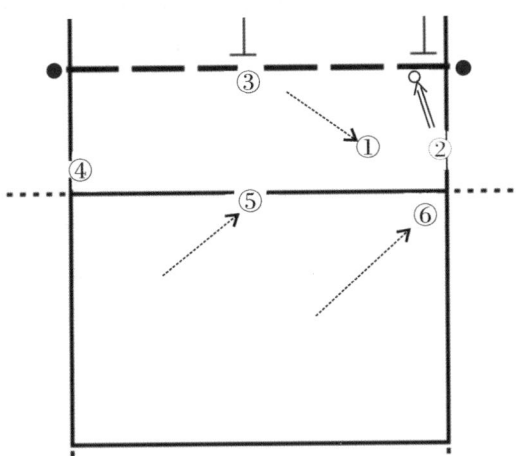

图 3-49　三人接拦回球阵形

第四章　排球教学与训练

第一节　排球教学原则

排球教学原则是根据排球的教学任务和教学过程的客观规律，对排球教师提出的基本要求。

一、自觉积极性原则

自觉积极性原则是指在排球教学中，通过教师采用的各种组织措施和教学手段、方法，培养和激发学生学习排球运动基本理论知识、基本技术和基本技能的强烈愿望，使之在学习过程中自觉发挥最大的主观能动性，把认真完成学习任务变成自觉的行为。

二、直观性原则

直观性原则是指在排球教学过程中，结合排球运动规律及特点，充分利用学生的听觉、视觉、肌肉本体感觉和已有的知识、技能，以获得生动形象的表象，以及通过教师的正确示范和运用挂图、图片、电影、录像等现代化的教学手段，使学生掌握排球的知识、技术和技能。

三、系统性原则

系统性原则是指在排球教学中，教学的内容、方法以及运动负荷必须根据人的认识规律、运动技能形成的规律及人体生理技能活动能力变化规律、机能形态改善和增强规律等进行合理安排。系统的教学和练习应按照由易到难，由简到繁，由主要到次要，负荷由小到大，由弱到强，由徒手模仿到结合球，再到结合球网和比赛，如此系统地多次重复、巩固、提高，指导形成熟练的排球技能。

四、巩固性原则

巩固性原则是指在排球教学中，为使学生牢固地掌握排球技术，通过多次反复的学习和练习，从量变过渡到质变，达到熟练运用和自如的程度。巩固性原则是由条件反射强化和消退的理论及人体机能适应性规律所决定的。排球技术、技能的掌握是大脑皮层建立动力定型的结果,如果不及时巩固提高,动力定型就会消退。

五、实际出发原则

实际出发原则是指在排球教学中,教学的任务、要求、内容、组织教法和运动负荷的安排等都要从客观实际情况出发,并力求符合学生的年龄、性别、身体发展水平、体育基础、心理素质、接受能力以及学校的场地、器材、设备、地区气候变化特点等,合理安排教学。

第二节 排球训练原则

训练原则是建立在生物科学、心理科学和教育科学之上的、反应训练特征的指导训练的基本准则和规范。正确运用训练原则将有助于设计更加科学的训练计划,选择更加合理的训练内容,运用更加科学的训练手段与方法。基于这样的认识,排球训练原则应该在运动训练学有关训练的一般原则的指导下,继承和发展排球训练,应该在技术、战术、身体素质、心理、作风有机结合的"五结合"原则的基础上,有针对性地运用如下七项排球训练原则。

一、主动参与原则

教练员只有通过与运动员进行各种沟通,让他们了解排球训练的范畴和目标、独立性和创造性以及长期从事排球训练过程中应承担的责任、权利和义务,运动员才能主动地接受教练员的指导,并自觉、积极地进行运动技能、体能和心理特质的自我改造与完善,从而义无反顾地与训练过程中的一切困难做不懈的斗争。

二、多元发展原则

改造身体形态和发展机能力的多元训练是排球运动员器官和系统之间、生理和心理过程之间相互作用使然,是排球专项训练和获得高水准竞技成绩的基础。因此,无论初级的排球运动员,还是高水平的排球选手,其运动生涯始终贯穿着多元训练。只不过其多元训练的比例,随着训练连线的逐步递增以及排球专项运动能力的提升而逐步递减,但始终维持在一定的水准上。

三、专项化原则

专项化训练是使排球运动员的身体形态、机能、技术、战术和心理特质适应排球运动项目特殊需求的、具有发展排球运动技能和排球运动员身体素质双重功效的专门训练,这是建立在多元发展基础之上的训练形式。排球运动实践证明,只有在多年的排球运动训练过程中,运动员适应生理、心理强度刺激的生物学、社会学规律,科学地控制训练负荷变化节奏,才能降低运动员成才年龄,进而缩短优秀选手的培养过程。

四、实战训练原则

强队之间比赛的实质就是一次高水平的实战训练,它是验证训练成果、发现薄弱环节、积累比赛经验、提高实战能力、增强竞技心理能力、保持较高训练水平和竞技状态的有效训练方法。因此,在小周期的多周期训练过程中,特别是在赛前训练中,教练员要有针对性地科学安排强强对抗和热身赛,以达到"以赛促训"的实战训练目的。

五、合理负荷原则

竞技能力的提升是运动员在训练过程中完成负荷量、负荷强度的直接结果,其提升的速度直接取决于负荷运动负荷递增的速度和方式。因此,所有等级的运动员首先应遵循的是负荷逐年渐增原则,但又应谨慎地通过调整阶梯高度和阶梯程度的训练方式、方法,逐步地增加训练负荷(在由小到大的递增负荷之后安排一个中等负荷阶段)、平台式负荷(在持续大负荷之后安排一个小负荷阶段)等不同的复合方式。

六、有效控制原则

及时调控训练状态的偏离、阻止偏离继续发展,使偏离的训练状态恢复到最佳通道上来是有效调控原则的本质反应。因此,在宏观控制层面上,教练员必须遵循周期训练的理论与方法,严格地进行持续不断的系统训练。而在微观层面上,教练员应采用量化的指标,对每次课的技术、战术、身体训练的达成度予以监控、测量与评价,以使训练过程最佳通道波动的振幅降低到最小限度。

七、个别化原则

不论运动员的训练程度如何,教练员都应该按照运动员的生理、心理特点,依据其性别、生物年龄、运动经历、学习特性、专项运动能力与潜质、运动成绩和现时训练状态、大强度负荷后恢复的速率、身体形态和神经类型、机能状态和健康状况等元素,制定相应的训练计划和采取相应的训练内容、手段与方法。

第三节 排球游戏

游戏即游乐嬉戏,是一种特殊的社会实践活动,是由人类身心需要引发的,人们自由选择的以人类自身为对象的,不产生社会意义产物的娱乐、健身活动的总称。

体育游戏是从玩耍过渡到竞技体育的中间环节,是竞技体育的基础。竞技体育是把最初的玩耍的方法、内容加工整理后,产生简单的规则和裁判方法,成为局部区域里的民间游戏。有些游戏再经过某些社会组织认定,并确立了文字的规则,规范了场地器材,就正式转化为竞技体育项目。竞技体育项目的形成过程,大多是:玩耍→游戏→竞技体育,具有一种从低级向高级发展的规律(图 4-1)。

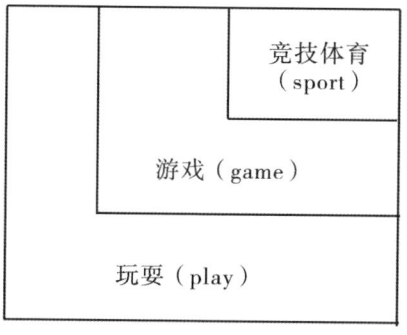

图 4-1

排球游戏是在游戏发展过程中派生出来的一个分支,它融体力发展、智力发展、身心娱乐为一体,既是游戏的组成部分,又与排球运动有着密切的联系。

排球游戏属体育游戏范畴,是以排球做为身体练习的基本手段,以增强体质、娱乐身心、陶冶性情为目的的一种现代体育游戏方法。

一、排球游戏的特点

排球做为体育游戏,既是游戏的组成部分,又属于体育活动,有其本身所固有的自由选择性、趣味性、变通性和竞争性的特点。

(一)自由选择性

排球游戏没有直接的外在功利性。人们在排球游戏中,注意的是活动过程的乐趣,而不是活动的最终目的或结果,因而,排球游戏活动的目标往往可根据游戏者自己的愿望提出和设定,玩什么、怎么玩均可商议,并且也可商议排球游戏的方法及进程,如三对三、四对四比赛,可以根据现场的人数而定,可以根据自己时间充裕情况商定比赛的局分、局数,充分发挥游戏者的自主性,做自己的主人,完善个体,实现自我。

(二)趣味性

趣味性是体育游戏共同的显著特征。由于排球游戏是一种参加者可以自由选择的活动,没有任何外来的压力,所以参加者轻松、自由、平等地参与活动,使其活跃起来的心理功能得到发挥,获得自由表现的机会,把注意力集中于排球活动过程的乐趣上,使参与者拥有轻松愉快的心境。游戏规则的变通性使得排球游戏更具灵活性,从而赋予排球游戏具有引人入胜、精彩纷呈的色彩,满足人们的情绪、情感上的需求,产生愉快的情绪体验,使人情趣倍增。

(三)变通性

排球游戏的活动方法、活动进程、主要规则可以根据参加者的实际情况有所不同、有所变化,场地大小、球网高低可根据游戏者的实际情况选定。排球游戏中的技术动作,教练员可以提出严格的动作规范,也可淡化、放宽技术动作规范要求,根据参加者的具体情况和不同要求作相应变化。不分性别、年龄,几个人凑在一起即可开打,可以三五个人围成一圈打防,也可分成双方相等或不相等的人数进行比赛,这与竞技体育严格的技术规范形成了鲜明对比。

（四）竞争性

与其他体育活动一样,排球游戏也具有竞争性,而排球游戏的竞争与一般竞技体育的竞争有所差异。竞技体育的竞争是一种强者的竞争,要求先天身体条件好,体能突出,专项技战术水平高的人才可能在竞争中取胜。排球游戏由于其活动方式有较大的变通性,虽然游戏结果一般也是以获胜而告终,但排球游戏获胜的因素是多种多样的,竞争的内容是可以变通的,因此,出现的结果也可能是多种多样的。如传球次数比赛、发球比准比赛,等等,排球游戏的这种竞争性,可以使弱者有成功获胜的可能,对强者提出新的挑战,只要全力以赴,参加者都有取胜的希望,在排球游戏中可以更好地挖掘人的潜力。

二、排球游戏的作用

（一）调动学习兴题,提高教学训练质量

在排球训练中,队员的训练兴趣是影响训练效果的重要因素,要提高排球训练质量,就必重视队员的主体作用,激发队员的学习热情。为了使队员正确、熟练地掌握和运用排球技、战术而进行的多次反复练习的过程,会由于机械的重复变得枯燥无味,使队员的学习兴趣降低,并影响其学习的积极性和主动性,从而影响教学训练质量。若把枯燥乏味的技术动作用游戏的方式表现出来,用生动活泼的形式、丰富多彩的内容将体育技能与娱乐融为一体,则能有效地改善队员的训练态度,提高队员参与运动的自主意识和兴趣,从而使队员在活泼的气氛中掌握体育知识和运动技能,有效发展队员的排球专项素质,提高教练的训练质量。

（二）提高竞争意识,增强自信心

许多排球游戏是以胜负告终的,带有竞争性。接受挑战是青少年的心理特点,他们的很多积极情绪是在竞争与挑战中得到发展和完善的。教练可根据队员的不同特点,有针对性地选择排球游戏内容,可以比体力、比技巧、比智力等,让队员在不同的竞争中发现自己的优点,激起挑战欲望,提高战胜困难心,在成功的喜悦中体会到排球运动的乐趣。

（三）促进相互了解,加强合作与配合

教练员运用排球集体游戏的方式,使参与游戏的队员沟通的渠道增多,学习互动的次数明显增加,交往范围扩大,队员之间产生亲近感,有利于促进相互之间的了解,建立良好的人际关系,形成团结的集体作风,增强集体凝聚力。

（四）启发思维活动，促进智力发展

体育游戏过程对大脑皮质的综合分析能力提出了较高要求，在排球教学中融入游戏，对队员想象力、记忆力、观察力和判断力的综合运用都是不小的挑战，对促进队员智力的发展具有积极作用。

三、排球游戏示例

排球游戏创编必须遵循目的性原则、趣味性原则、新颖性原则、安全性原则。根据排球运动的特点及技术的难易程度，我们将排球游戏分为第一层次、第二层次、第三层次。本节遵循游戏创编原则，例举一些排球游戏，供在排球娱乐、健身、教学、训练中参考，以达到举一反三的目的。队员通过玩排球游戏，使其了解排球运动的特点和锻炼价值，培养其对排球运动的兴趣，以排球作为自身娱乐、健身的手段和方法。

（一）初级层次

教练员通过第一层次的排球游戏，使队员对排球运动有初步的了解和认识，培养其对排球的兴趣，进行排球球感、空间感、节奏感及基本技能的训练。

1. 抛接球比赛

（1）目的：培养球感、空间感。

（2）方法：将队员分成人数相等且成偶数的若干组，每组成两列横队，面对面站立，保持适当间隔，各组排头手持一排球（图4-2）。教师发令后排头按规定的顺序传球，先完成的队为胜。

图 4-2

（3）规则：必须按规定的方法传球，传球失误时，必须把球拾起来回到失误的地方继续进行；传球时脚不能越线。

2. 地滚球接力赛

（1）目的：提高队员低姿势移动能力和手控制球的能力。

（2）方法：将队员分成人数相等的两个组在端线外列队，当听到信号后，排头队员将一个排球推拨为地滚球前进，到限制线或中线或更长距离的对方场地的端线，后转往回拨地滚球，到起点的端线交给下一个人，全队依次进行，速度快的队为胜（图4-3）；也可采用一人推拨两个地滚球，以增加难度。

图 4-3

（3）规则：不允许持球跑；拨地滚球时，球离身体不超过1米。

3. 固守一方

（1）目的：发展灵活性和反应能力。

（2）方法：4名队员分别站在边长3米的正方形的4条边外做防守，其余队员在外围用一个排球做进攻，尽量将球滚入正方形，防守者则尽量阻止球从自己防守的一边线滚入（图4-4），球滚入正方形后攻防交换。

图 4-4

（3）规则：进攻者可以相互传球，捕捉战机，进攻时必须用地滚球。

4．前后抛接球

（1）目的：熟悉球性和提高对球落点的判断力。

（2）方法：双手向头上抛球，然后用双手在背后将球接住，再把球由背后向上甩出，再将球接住为一个回合。在规定时间里，完成回合多者为胜（图4-5）。

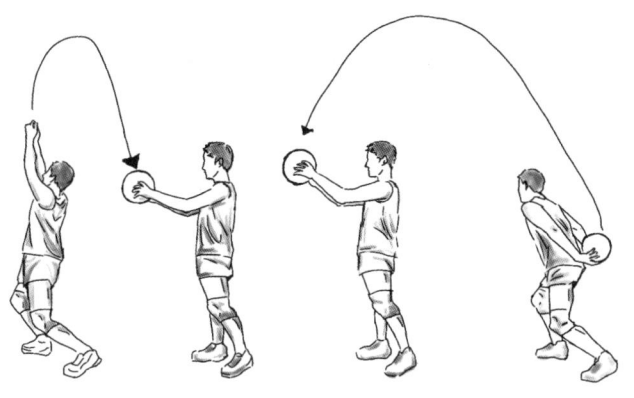

图 4-5

（3）规则：必须前抛后接，后抛前接；球落地不记数。

5．传球比快

（1）目的：培养球感和空间感。

（2）方法：将队员分成人数相等的两队，互相交错在排球场地围站成一圈，每队选一人持球站在圈中央，两人背靠背站立。游戏开始，圈中人按同一方向依次将球传给本队的每一个人，每一个人接球后立即将球传回给本队的圈中人，连续进行，两队互相赶超，超越对方的队获胜（图4-6）。

图 4-6

（3）规则：圈中人只能在圈中小范围移动，球必须依次传给本队的每一个人，不得间隔。任何人不得干扰对方传球。如果传球失误，从失误处继续传球。

(二)中级层次

教练通过第二层次的排球游戏,使队员在愉快、欢乐的情景中学习、掌握排球的基本技术,将排球基本技术与游戏有机地结合起来。

1. 接反弹球比赛

(1)目的:使队员在移动中保持正确的传球手型。

(2)方法:每人持一球,将球自抛2～3米高,待球落地反弹后,抛球人以正确的移动步伐钻到球下,用正确的准备姿势和手型在额前将球接住。在规定时间内完成接球次数多、手型正确、接球稳者为胜(图4-7)。

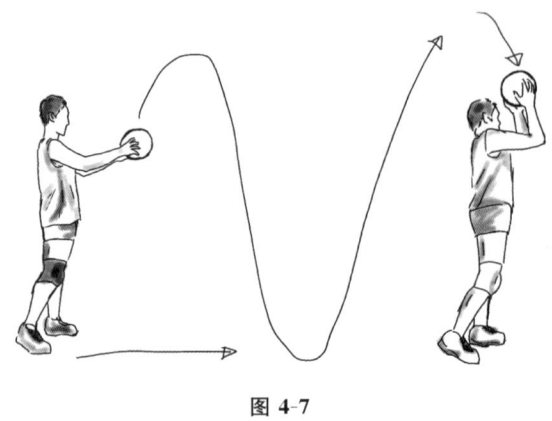

图 4-7

(3)规则:只允许在球第一次落地反弹时钻到球下。

2. 自传、垫高低球比赛

(1)目的:提高队员传、垫球能力。

(2)方法:队员每人一球,进行一次高一次低的自传(自垫),一高一低要有明显差别(图4-8,图4-9)。

图 4-8

图 4-9

(3)规则:运用正确的传、垫球技术做自传或自垫,计在规定时间内完成的次数;也可以在移动中自传或自垫,以增加比赛的难度。

3. 众星捧月

(1)目的:提高传球的准确性和控制球的能力。

(2)方法:队员围成一个圆圈,其中一人持球做原地向上传球后迅速离开,下一人迅速到球下再做向上传球,一个接一个地进行,使球不停地上下运动而不落地(图 4-10),失误者"罚",也可分成两组进行比赛。

图 4-10

(3)规则:每人只能传球一次。

4. 自传、垫球接力赛

(1)目的:提高队员传、垫球技术和控制球能力。

(2)方法:将队员分成人数相等的若干个组,并相距一定的距离迎面站好,当听到信号后,排头做自垫(自传)球移动前进,至下一人前面将球交给下一人,全队依次进行,速度快者为胜(图 4-11),也可在行进线路上设立若干标杆或障碍物,队员自垫、自传球绕过标杆或障碍物前进,以增加游戏难度(图 4-12)。

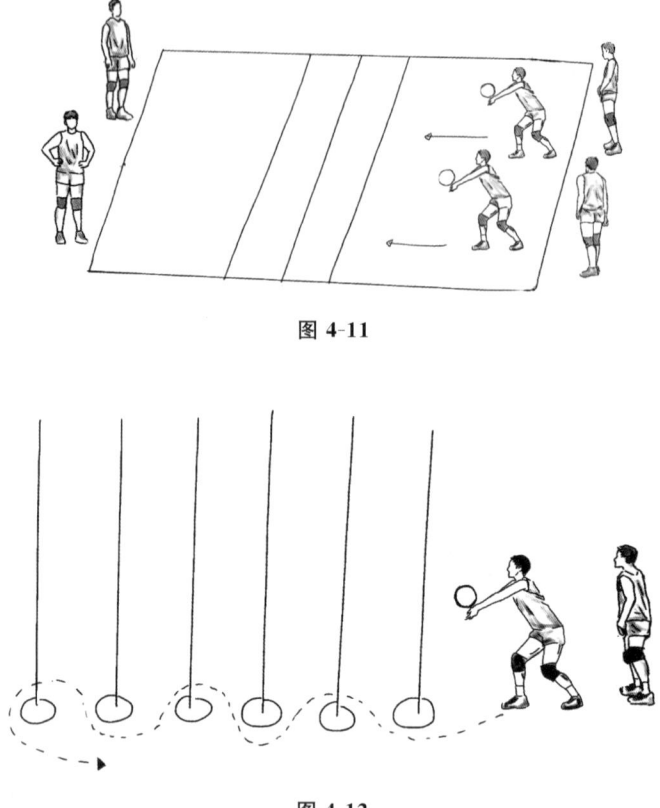

图 4-11

图 4-12

(3)规则:必须连续垫击球前进,如球落地应在落地处拣回球后继续,不许持球跑。

5.发球前进

(1)目的:提高队员发球和控制球的能力和准确性。

(2)方法:在一块平整的场地上划一标志线作发球线,距该线 10～12 米、12～14 米、14～16 米、16～18 米处分别划分为 A、B、C、D 区,要求发第一个球落在 A 区,第二个球落在 B 区,第三个球落在 C 区,第四个球落在 D 区,依次前进(图 4-13)。

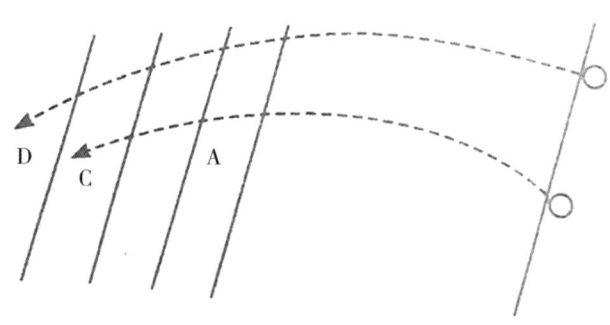

图 4-13

(3)规则:完成四个区域的发球,发球数少者为胜。

6.三球不归一

(1)目的:发展判断、反应能力,培养队员初步的排球比赛的场地概念和比赛意识。

(2)方法:将队员分成人数相等的两个队,各在场地的一边,其中一队持一球,另一队持两个球,鸣哨开始后,双方把球从网上抛向对方场内,如有一队场上同时有三个球存在则判失一分(图4-14)。

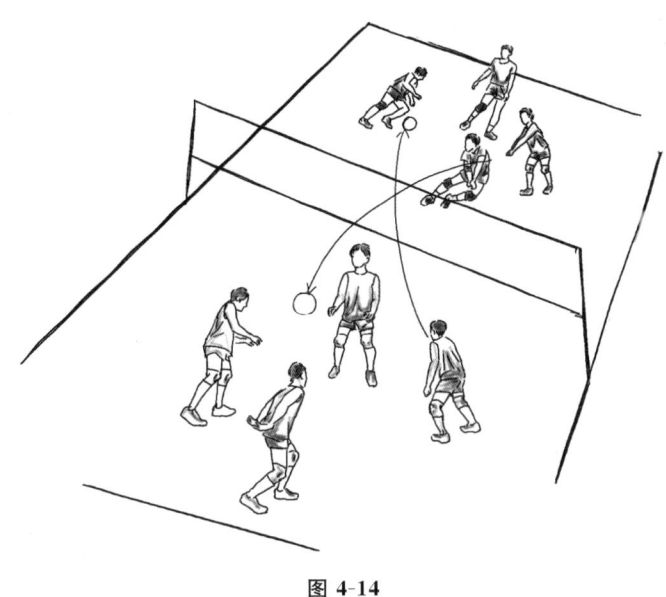

图 4-14

(3)规则:球必须从网上抛向对方场内,界外球对方得一分。不得持球3秒钟以上,违者判失一分。球可以落地,也可规定球不可落地,以增加游戏难度。

(三)高级层次

第三层次的排球游戏,主要是让队员运用已学过的排球的各种技术进行游戏,在游戏的过程中巩固提高排球技术,从而进一步激发队员对排球的兴趣,培养队员以排球作为"终生体育"的健身习惯。

1.传接篮板球

(1)目的:提高队员的传球能力及准确性。

(2)方法:将队员分成人数相等的若干队在篮板下1~2米处站好,排头将球传向篮板,当球反弹时下一人接传。每传一次要喊出传球的次数,次数多者获胜,或在单位时间内传球次数多者获胜(图4-15)。

(3)规则:每人只传一次,传一次后要换下一个。

2.垫接反弹球

(1)目的:提高垫球技术。

(2)方法:两人一组,一人持球,一人往地下抛球,球反弹后另一人迅速移动,将球垫起,在规定时间内完成次数多者获胜(图4-16);也可两人对垫反弹球。

图 4-15

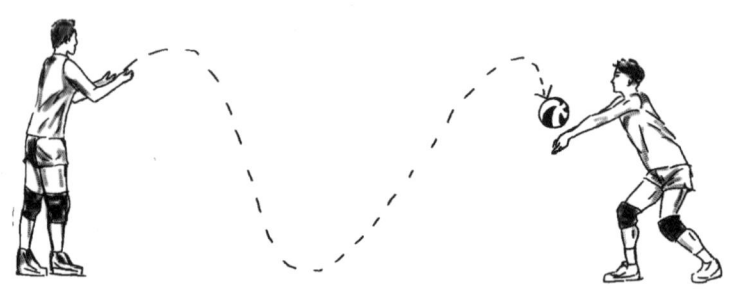

图 4-16

（3）规则：抛反弹球必须高于人，必须用正确的移动和垫球技术将球垫起。

3. 单手垫球比赛

（1）目的：提高单手垫球的准确性和控制球的能力。

（2）方法：队员分散站开，计在规定时间内用单手、单臂垫球的次数（图 4-17）。

图 4-17

(3)规则:只能用单手、单臂垫球。

4.发球得分比赛

(1)目的:提高发球的准确性和发球的战术意识。

(2)方法:将队员分成人数相等的两个组,成横队面对球网分别站在两端线外,一组依次每人发一球,另一组先捡球。发球以球落在对方场区不同分值的区域内计分,失误得零分。全组累计得分高者为优胜(图4-18)。

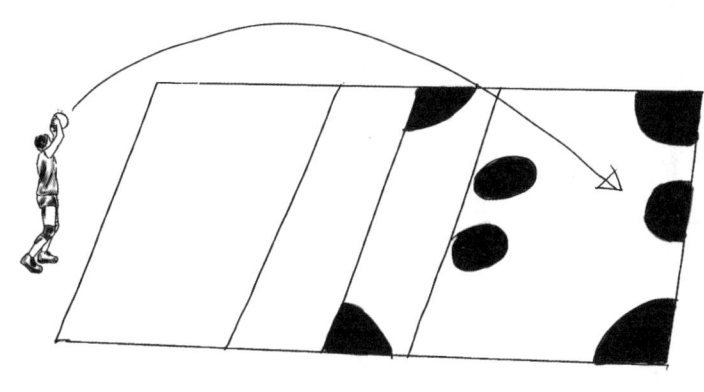

图 4-18

(3)规则:用发球动作,以球的落点计分。

5.扣球得分比赛

(1)目的:提高扣球的准确性。

(2)方法:在要求扣球落点处摆放一球筐,在4号位(2、3号位)自抛自扣,将球扣入筐中得一分,分数高者优胜(图4-19);可进行个人比赛,也可进行分组比赛。

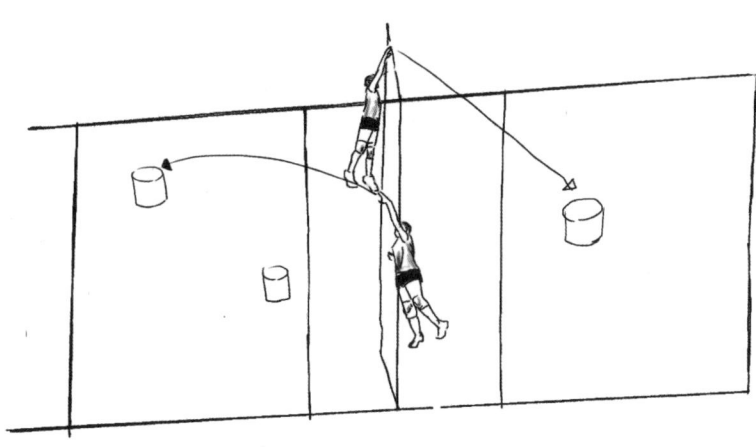

图 4-19

(3)规则:必须扣球入筐才得一分。

6.一发一接比赛

(1)目的:提高发球、接发球技术。

（2）方法：两人一组，一发一接比赛，发直（斜）线球，10 个球一组，然后发、接交换，分别统计发球和接发球好球或失误效果（图 4-20）。

图 4-20

（3）规则：接发球必须到位才算好球。发、接好球数多者为胜。

7．排球比赛

（1）目的：巩固和提高队员排球的基本技术，以及基本技术在比赛中的运用，学会在比赛中运用技术，增加对排球的兴趣。

（2）方法：

① 小场地 2 对 2、3 对 3 的比赛。

② 4 对 4 比赛。

③ 6 对 6 比赛。

场地的大小、球网的高低、比赛的办法，教师可根据队员的情况自定。

第四节 基本技术教学与训练方法

一、准备姿势与移动教学训练

（一）教学训练难点

准备姿势的目的是为了迅速起动、快速移动接近球，为此必须根据预先判断做出各种准备姿势。对初学者来说判断十分重要，也是教学训练的难点。

移动教学训练难点在于起动的快慢，关键是准备姿势和起动的衔接。

（二）教学训练顺序

准备姿势和移动是排球运动中各项技术的基础。队员在学习各项排球基本技术之前，首先要学习准备姿势和移动。

(1)在准备姿势教学训练中,一般应首先学习稍蹲准备姿势,然后学习半蹲和低蹲准备姿势。学习准备姿势要与学习传球、垫球技术的徒手动作练习结合进行。

(2)在移动教学训练中,首先学习并步、滑步、跨步、交叉步,然后学习跑步等移动步法。移动步法的练习,必须与准备姿势和制动的练习紧密结合同步进行。

(3)准备姿势和移动的练习,大都安排在课的准备部分,结合发展反应、灵敏、速度、协调等身体素质进行练习。

(三)教学训练步骤

1. 讲解与示范

(1)讲解:首先讲解准备姿势与移动在排球比赛中的重要作用,再讲解动作要领、常出现的错误动作及运用时机,讲解动作顺序应自下而上,即从脚和膝部讲起,然后讲解躯干、上体、手臂和头部的姿势。

(2)示范:准备姿势的示范方法,即要做正面示范,也要做侧面示范;做移动的示范时,向前后移动做侧面示范,向左右移动做镜面示范。准备姿势和移动也可以边讲解边示范,队员边听边模仿做徒手动作。

2. 组织练习的顺序

原地徒手模仿练习──→徒手移动模仿练习──→结合球的各种练习。

(四)教学训练方法

1. 准备姿势的徒手练习方法

(1)队员试做准备姿势,教练巡回检查纠正动作,旨在建立初步概念,体会完整动作。

(2)全体队员分成两排面对面站立,一排做动作,另一排纠正对方的错误动作,两排队员互教互学。

(3)全体队员看教练信号做动作。教练手臂向前平举,队员做半蹲准备姿势;教练手臂上举时,队员做稍蹲准备姿势;教练手臂向侧下方举时,队员做低蹲准备姿势。如此反复,教练随时纠正动作,也可以让一排队员做,另一排队员纠正其动作。

2. 移动的徒手练习方法

(1)队员徒手试做各种移动步法,体会完整动作。

(2)全体队员由半蹲准备姿势开始,根据教练手势做各种步法的左右快速移动。这要求防止身体重心起伏跳动,移动后保持好准备姿势。

(3)3~4人一组,站在端线后,先做原地快速小步跑,听到教练口令后,快速起动冲刺跑6米或跑过中线。

(4)两人一组相对站立,一人随意做各种移动步法,另一人跟随着做同方向的移动。

3. 结合球的练习方法

(1)两人一组,相距2~3米,做好准备姿势,一人向前、后、左、右抛球,另一人移动后把球接住再抛回,连续进行一定次数后两人交换。

(2)两人一组,相距4~5米,一人向前、后、左、右抛球,另一人移动对准球后用头将球顶回,规定完成若干次后互换。

(3)两人一组,相距6~7米,各持一球,两人同时把球滚向对方体侧3米左右处,移动接住后再滚给对方,如此往复进行。

(4)队员面对教练站立,教练将球抛到队员身前、身后或两侧,队员快速向前或转身改变方向移动去接球。

(四)常犯错误与纠正方法

准备姿势与移动常犯错误与纠正方法见表4-1。

表4-1 准备姿势与移动常犯错误与纠正方法

技术	常犯错误	纠正方法
准备姿势	臀部后坐,全脚掌着地	1. 讲清要领,反复示范 2. 强调含胸、收腹、前倾;两膝投影线超过脚尖
	两膝僵直,重心太高	1. 练习中两脚保持微动 2. 多做低重心屈膝姿势的移动练习
移动	缺乏判断,移动慢	1. 结合视觉信号多做起动练习 2. 多做短距离的各种抛接球练习
	身体重心起伏过大	1. 强调移动后要保持好准备姿势 2. 多做网下的往返移动练习

(五)教学训练中应注意的问题

(1)提高对准备姿势与移动技术重要性的认识。教练应发扬不怕苦,不怕累的精神,同时多结合短距离跑动或游戏的形式进行练习,以激发队员的学习兴趣,还要经常强调保持正确的准备姿势,促使队员养成良好的习惯。

(2)在准备姿势与移动教学训练中多做视觉信号反应练习,培养视觉的观察判断能力,同时要把准备姿势、反应起动和各种移动步法及制动技术结合起来进行练习。

(3)在准备姿势与移动教学训练时,教学训练方法要多样化,避免枯燥。如采用对抗、竞赛、游戏等练习方式,激发队员的学习兴趣。教练应多结合球和场地练习,增强队员对各种不同来球的判断反应移动能力。

(4)在教学训练中,加强腿部、腰腹力量的练习,特别要加强髋关节和脚步灵活性的练习,如多做短距离2~3米的折回跑、变速跑和变向跑等练习。

二、发球教学训练

(一)教学训练难点

排球发球的技术动作结构一般可分为准备姿势、抛球引臂、挥臂击球三个环节。其中,抛球是击球的先决条件,如抛球动作、位置、高度合适,则击球点和击球手法易稳定正确。从完成发球技术动作结构和发球效果看,抛球引臂和挥臂击球是发球技术教学训练的难点。

(二)教学训练顺序

发球技术种类较多,技术动作难易程度差别较大,所以教学训练时应根据队员性别、年龄及身体素质等情况来确定教学训练的先后顺序。一般情况下,教练通常先教下手发球,后教正面上手发球,最后教飘球和大力发球等。

(三)教学训练步骤

1. 讲解与示范

(1)讲解:首先讲解发球在比赛中的作用及教授的技术动作名称和技术特点,然后讲解发球的准备姿势与抛球方法及挥臂与击球的手法,最后提出下肢与腰腹协调配合用力的方法,反复强调:抛球是发好球的前提,击球是关键,手法是保证。

(2)示范:在发球区先做侧面的发球完整动作示范,然后再做正面、侧面的分解动作示范,使队员看清楚抛球的高度、挥臂路线、击球手法、击球部位,下肢配合动作和击球时重心前移等动作,加深队员对发球技术动作的直观感受。

2. 组织练习的顺序

徒手模仿练习——→抛球练习——→击固定球练习——→抛球与击球动作结合的练习——→巩固和提高发球技术的练习——→结合教学比赛的实战发球练习。

(四)教学训练方法

1. 徒手模仿练习

(1)全体队员徒手模仿发球挥臂动作和抛球动作,体会发球的用力顺序和挥臂的轨迹,掌握正确的挥臂方向和速度。

(2)徒手做抛球挥臂击球动作的练习:做好准备姿势,左手前上置于击球点位置,右手做挥臂击球练习(击在左手掌上),体会击球手法和击球部位,练习抛球、挥臂、击球动作的协调性。

2. 抛球的练习

(1)原地抛球手法练习:做抛球练习时,要求掌心向上平稳地托送球,练习正确的抛球手法,体会抛球的位置和高度。

(2)固定目标的抛球练习:每人一球站在网或墙边,利用球网或墙壁的适当高度作为标记,练习抛球的准确性。

(3)做抛球、抬臂和引臂的配合练习:体会抛球的位置、高度和振臂引臂的连贯动作。

3. 击固定球练习

(1)模仿发球挥臂动作击固定球练习:一人双手持球置于腹前或头上,另一人做挥臂击球练习(不要将球击出),体会击球部位和手法。

(2)击固定球或吊球练习:一手将球按在墙上,一手挥臂练习击固定球或将球吊在空中,练习挥臂击球,主要体会挥臂动作、击球手法、击球点和击球部位。

(3)两人对击练习:3 人一组,甲持球,乙丙面对面站立,做好发球的准备姿势,同时做击球动作击甲手中的球,体会挥臂击球时手臂发力的肌肉用力感。

4.抛击结合练习

(1)抛球与挥臂击球练习:结合抛球、引臂和挥臂击球的练习(不把球击出),体会抛球引臂和挥臂击球动作的协调配合。

(2)对墙或挡网做抛球与挥臂击球练习:体会抛球与手臂挥摆的配合以及击球手法的用力。

(3)两人站立两条边线上对发练习:体会挥臂路线与正确的击球部位,或两人隔网对发球练习,先站在距球网 6 米左右,后逐渐拉长到 9 米或更长距离,体会控制球的力量与弧度。

5.巩固和提高发球技术的练习

(1)巩固发球练习:3 人一组,发球与接发球者相距 12 米左右,另一人站在接发球者右前方做二传,3 人规定次数与组数交换。

(2)发球准确性练习:可将对方场区划分成左右或前后部分或规定区域,进行点线(直线、斜线)结合的练习。

(3)发球攻击性练习:在准确性的基础上,降低发出球的弧度,加快发球速度,发球力度,飘度大,或向场地的"三角区",1、5 号边角处的发球练习。

(五)常犯错误与纠正方法

发球技术常犯错误与纠正方法见表 4-2。

表 4-2 发球技术常犯错误与纠正方法

技术	常犯错误	纠正方法
下手发球	1.准备姿势太高	1.讲清概念,练习前做好准备姿势
	2.抛球太高太近	2.直臂抛球距身体一臂远,反复练习抛球动作
	3.抛球与摆臂击球不协调	3.反复结合抛球做摆臂练习
	4.挥臂方向不正、击球不准	4.击固定球或对墙发球练习
上手发球	1.抛球偏前、偏后	1.讲清抛球方法,固定目标抛球练习
	2.挥臂未呈弧形	2.反复徒手做弧形挥臂或扣树叶练习
	3.手未包满球,无推压动作	3.对墙轻扣球,体会手包球推压动作,使球前旋
	4.用不上全身协调力量	4.掷小网球或用杠铃片对墙平扣
上手飘球	1.抛球时高时低	1.多做固定目标的抛球练习
	2.挥臂不呈直线	2.做直线挥臂,或对墙击固定球练习
	3.击球不准,力量没通过球体重心	3.用掌根硬部击固定球或击固定目标练习
	4.抛球与挥臂动作脱节	4.随教练口令节奏进行抛球挥臂练习

(六)教学训练中应注意的问题

(1)发球技术教学训练应遵循由易到难,由简到繁,循序渐进的原则,在教学顺序安排上通常是先教下手发球,再教上手发球,最后教飘球、勾手大力发球及其他发球技术。

（2）教学训练中要抓住抛球动作与摆臂击球动作的协调配合，因为抛球是前提，击球是关键和难点。教练应抓住抛球和击球这二个环节，强调抛球要平稳，挥臂动作迅速协调，击球准确。

（3）在发飘球教学训练中，教练应简单讲解球产生飘晃的原因和在动作上与发旋转球的区别，让队员能主动思考发飘球的动作方法，体会击球用力的方向、手法和击球的部位。

（4）在发球教学训练中，由于发球练习的形式比较单调，教练要不断变化练习的方法，提出具体要求，并将发球与接发球结合起来进行练习。

（5）在发球教学训练中，教练要合理安排教学与训练的时间，每次课应保持一定时间的发球练习，一般可安排在两个大运动量练习之间，或安排在课的后段进行。

三、垫球教学训练

（一）教学训练难点

垫球技术在比赛中主要用来接发球、接扣球、接拦回球等。根据比赛的需要，垫球技术可分为接发球垫球、接扣球垫球、接拦回球垫球和垫击二传球等。垫球技术种类尽管繁多，但是在教学训练的开始阶段仍然要以抓好正面双手垫球技术为重点，其教学训练难点是击球，即击球点和击球部位。

（二）教学训练顺序

垫球技术种类多，运用广。因此，教练教学训练中要根据队员具体情况和动作的结构难度，先易后难地安排教学。一般教学顺序是先学习原地正面双手垫球，再学习移动垫球和改变方向的垫球，在此基础上再学习体侧垫球、跨步垫球、背向垫球、单手垫球和挡球，最后学习低姿垫球、侧倒垫球、滚翻垫球、前扑垫球、鱼跃垫球、脚背垫球以及其他部位的垫球技术。

在初步掌握正面垫球技术的基础上，教练可进行传、垫结合与串连的练习；在掌握移动垫球后，可进行接发球和接扣球的练习。

（三）教学训练步骤

1. 讲解与示范

（1）讲解：教练首先讲解垫球技术在排球比赛中的作用、技术特点和动作要领，重点讲解手型、垫击部位、击球点、手臂角度及身体上下肢的协调用力动作。

（2）示范：教练先做垫球的完整动作示范，让队员建立垫球技术的完整动作概念，然后再进行分解示范，也可以边讲解边示范，让队员加深印象。做侧面示范时，教练要让队员看清两臂向前插臂、蹬地、提肩、顶肘、压腕的身体协调动作；做正面示范时，教练要让队员看清手型、垫击部位平面，两手夹臂的动作。正面与侧面示范要结合运用。

2. 组织练习顺序

徒手试做──→击固定球练习──→垫抛球练习──→移动垫球练习──→接发球练习──→接扣球练习──→结合教学比赛及各种串连练习。

(四)教学训练方法

1. 徒手模仿练习

(1)双手叠掌或抱拳互握的垫球手型练习:要求前臂夹紧并伸直,形成垫击平面,教练及时检查。

(2)结合半蹲准备姿势的原地集体徒手模仿垫球练习:要求先慢后快,重心低,动作协调,教练及时检查与纠正错误动作。

(3)原地与移动的徒手垫球动作练习:听教练口令做原地垫球徒手动作;看教练手势做前、后、左、右的并步、交叉步、跨步的移动垫球动作练习,要求动作正确、协调、连贯。

2. 结合球的练习

(1)击固定球练习:2人一组,一人双手持球于腹前,另一人做垫击动作,重点体会正确的击球点、手型及手臂用力时的肌肉感觉。

(2)垫抛球练习:2人或3人一组,相距4米,一抛一垫或一抛二垫。教练要先教会队员用双手下手抛球,抛出的球弧度适宜,不太旋转,落点准确。垫球者先将球垫高垫稳,然后要求垫准到位。

(3)对墙垫球练习:队员每人一球,距墙2米处连续对墙自垫,要求击球手型、垫击点和击球部位正确,用力协调,控制球的能力强。

3. 结合移动的垫球练习

(1)移动自垫球练习:每人一球,向左、向右、向前、向后移动垫球,要求队员在移动垫球时低重心移动正面垫球。

(2)2人或3人一组,一人抛球,另一人或两人轮流向左、右、前、后移动垫球,要求移动速度不宜太快,垫出的球要稍高,并控制好落点。垫球者尽量做到正对垫球方向垫球。

(3)3人一组跑动垫球或4人一组三角移动垫球,要求垫球人尽量移动到位,对正来球,把球准确垫到位。

4. 结合接发球的垫球练习

(1)2人一组相距7~8米,先一掷一垫练习,再过渡到一人下手发球或上手发球,一人接发球,要求接至假设的二传位置上。

(2)2人一组,相距9米,一发一垫,或3人一组,一发二人轮流接发球,要求开始发球要稳,然后逐步拉长发球的距离,增加发球的难度。

(3)3人隔网或不隔网,一发一垫一传练习:要求发球准,接发球者积极移动取位把球垫到传球队员的位置上,传球队员再将球传给发球人。

5. 结合接扣球、吊球的垫球练习

(1)2人一组,一扣一防练习:要求接扣球者做好防守准备姿势,开始练习时扣球要稳,随着防守者逐步适应,可逐步增大扣球的难度。

(2)3人一组,一扣一防一传练习:要求扣球队员扣、吊结合,防守队员相互配合,互相呼应,互相保护。

(3)轮流连续接扣球练习:由教练在网前扣球或在高台上隔网扣球,要求接扣球者在5、

6、1号位连续接扣球练习。

(五)常犯错误与纠正方法

垫球技术常犯错误与纠正方法见表 4-3。

表 4-3　垫球技术常犯错误与纠正方法

技术	常犯错误	纠正方法
正面垫球	1. 屈肘,两臂不平,击球部位不对	1. 模仿练习,垫固定球,自垫发力练习
	2. 移动慢、对不正球	2. 移动抢救球,两臂夹球移动垫
	3. 没有蹬伸、抬臂动作,垫球时挺腹	3. 多做徒手动作,在其练习时教练用手控制其腰腹
	4. 两臂用力不当,摆动幅度过大,动作不协调,用力过猛	4. 垫固定球,体会用力和协调发力,或近距离垫抛来的低球和连续自垫低球
体侧垫球	1. 击球时手臂截击球不够	1. 多做徒手模仿练习,多击体侧固定球练习
	2. 重心高,跨不出去	2. 降低重心,多做徒手侧跨练习
背垫球	1. 垫球时易失去方向	1. 做 360 度旋转练习或背向目标的自垫球练习
	2. 击球点过低或过高	2. 背向垫击教练抛的轻球练习
挡球	1. 挡球时手腕后仰不够,控制能力差	1. 自抛自挡练习或一抛一挡
	2. 球向前平飞	2. 多做挡较大力量的来球,多做徒手动作,注意准备姿势要充分,蹬地和手腕的用力方向和大小要协调

(六)教学训练中应注意的问题

(1)垫球技术教学训练应先在简单条件下进行练习,如原地徒手练习以及击固定球的练习,原地垫击一般弧度和落地比较固定的轻球,再进行移动垫球练习,在队员垫球动作基本正确,能初步控制垫球的方向和落点后,再逐步加大练习的难度。

(2)发球、接发球技术是两个相联系的对立面,因此,在教学与训练中应使两者紧密结合,互相促进,不断提高。接发球又是组织进攻的基础,队员应抓住控制球能力这个重点和难点反复练习,以提高手臂对球的控制能力。

(3)在接扣球技术教学训练中,应强调做好防守的判断,准备姿势,加强起动和移动步法的练习。教练要教会队员观察和判断来球的方法,提高起动速度和移动取位的能力,防止只重视手法不重视步法的倾向。

(4)随着垫球技术的不断熟练,要尽量结合攻防战术进行练习。如在防守练习中,垫球与拦网、保护、调整传球和反攻扣球等技术串连起来进行练习,这样既能提高技术的运用能力,又能培养战术意识和同伴间的默契配合。

四、传球教学训练

(一)教学训练难点

以正面传球技术为例。正面传球动作是由准备姿势、迎球、击球、手型、用力 5 个动作部分组成。在这些动作中,最主要的,也是较难掌握的是触球时的手型。因为触球时的手型正确与否直接影响手控制球的能力和传球的准确性,初学者只有掌握了正确手型,才能保证正确的击球点和较好的运用手指、手腕的弹力。

(二)教学训练顺序

传球技术动作方法较多,动作细腻,在教学训练安排中应作为主要内容,重点学习和掌握。其传球的教学顺序是:先教一般正面双手传球,然后依次教移动传球、转方向传球、背传球、跳传球、调整传球、传快球和平拉开传球等。教学训练时,队员先学习原地传球,再学习顺网二传和移动中的传球技术,最后学习各种战术传球技术。

(三)教学训练步骤

1. 讲解与示范

(1)讲解:教练首先讲解传球技术在比赛中的作用,然后讲解传球技术的特点和动作要领。讲解内容的先后顺序一般是:脚的站法,下肢姿势,身体动作,手型,击球点,触球的部位,迎击球的动作用力方法等。

(2)示范:教练先做完整传球动作的示范,然后再做分解示范,也可边讲解边示范,或重点示范传球的关键技术环节,也可结合正面示范、侧面示范进行教学。

2. 组织练习顺序

原地模仿练习──→原地传球练习──→移动传球练习──→转方向传球练习──→背传练习──→调整传球练习──→跳传练习。

(四)教学训练方法

1. 徒手模仿练习

(1)原地模仿练习:徒手做传球准备姿势,听教练的口令依次做蹬地、展体、伸臂击球动作练习,重点体会传球前的准备姿势,身体协调用力的动作和传球的手型。

(2)原地传球模仿练习:重点让队员体会触球手型,击球点位置和身体协调配合动作及传球用力的全过程。

(3)两人一组,一人做好传球的手型持球于脸前上方,另一人用手扶住球,持球者以传球动作向前上方伸展,体会身体和手臂的协调用力,要求另一人纠正持球者的手型及身体动作。

2. 原地传球练习

(1)每人一球,自己向额前上方抛球:做好传球手型,在击球点位置将下落的球接住,然后自我检查手型。

(2)原地自传练习:要求把球传向头上正上方,传球高度离手1~1.5米,连续传30次为一组。

(3)对墙自传球练习:要求距离墙50厘米左右连续对墙自传球,体会正确的手型和手指手腕用力的肌肉感觉。

3. 移动传球练习

(1)每人一球行进间自传球练习:要求传球手型正确,移动迅速,保持正面传球。

(2)每人一球向左、右、前、后移动传球练习:要求自传一次高球,再传一次低球,提高控制球的能力。

(3)两人一组,一抛一传球练习:要求抛者向左、右、前、后抛球,传球者根据来球快速移动传球。

4. 背传球练习

(1)每人一球,自抛背传球练习:要求将球抛到头上,两手腕后仰,掌心向上,依靠蹬地、展体、抬臂、伸肘动作把球传向后上方。

(2)3人一组,背传球练习:3人各相距3米左右,两边人抛球或传球,中间人背传球,要求同上。

5. 调整传球练习

(1)两人一组相距6米在网前,用调整传球动作传高弧度球练习:要求利用蹬腿、伸臂动作传球。

(2)移动调整传球练习:4号位队员传一般球至5号位,5号位队员传球到6号位,1号位队员移动至6号位将球调整到4号位,要求依次循环练习。

6. 跳传球练习

(1)每人一球,对墙连续跳传球练习:要求掌握好起跳时机,在空中保持好身体平衡,靠快速伸臂动作将球传出。

(2)两人一组,连续面对跳传球练习:要求同上。

(五)常犯错误与纠正方法

传球技术常犯错误与纠正方法见表4-4。

表4-4　传球技术常犯错误及纠正方法

技术	常犯错误	纠正方法
正面双手传球	1.击球点过高、过低	1.做各种步法移动后接球,保持在脸前接住球,提高判断、选位能力 2.传固定球,体会正确的击球点 3.自传或对墙传球练习
正面双手传球	2.手型不正确,大拇指朝前,手型不是半球状,手指触球部位不准确	1.进一步示范、讲解 2.用传球动作接球,体会手型 3.近距离对墙轻传,体会手指触球
正面双手传球	3.手指手腕弹击力差,有拍打动作	1.做手指手腕的力量练习 2.用足球、篮球做传球练习,增加指腕力量 3.多做平传球练习、远传练习
移动传球	取位不及时,对不准来球,人与球关系不合适	1.结合移动步法接球 2.学会上体移动重心,上体能前后左右倾斜地传球 3.多做平传练习,保持正面击球

续表

技术	常犯错误	纠正方法
背向传球	1.击球点不正确,过前或过后	1.强调击球点宁前勿后,保持正面传球的击球点 2.做自抛向后传球 3.做弧度高低结合的自传球练习
	2.用力不协调,不会后仰、展胸、翻腕、大拇指上挑	1.移动对准球,保持在头上的击球点 2.背传时强调蹬腿、展胸、抬臂、翻腕上挑动作 3.在击球点较低的情况下练习背传
跳传球	选择起跳点不准确,人与球关系保持不好	1.多做原地起跳和移动起跳练习 2.提高判断能力,选择合适的起跳点 3.传不同距离和弧度的来球,保持良好的人与球的关系

（六）传球技术教学训练中应注意的问题

（1）传球采用完整教学法,首先建立传球技术动作的完整概念。教学时,应先着重于手型、击球点和用力的准确与协调练习,然后逐步过渡到手指手腕的弹击和控制球的能力练习上。

（2）教学训练中尽量采用触球次数多的练习,并在初学阶段就结合近距离移动的传球,以利于形成正确的击球点和手型,为队员进一步学习难度较大的传球打下良好的基础。

（3）教学训练时自始至终要强调正确手型、正确的击球点和协调用力三个环节,同时还要注意指出典型易犯的错误动作,以便队员在学习过程中进行正、误对比。

（4）从心理方面讲,初学者一般怕戳手,怕弧度高、力量大和速度快的来球。因此,教学要从解决手型入手,从易到难,循序渐进,多传近距离、低弧度和速度慢的球,避免队员手指局部负担过重,减轻心理压力。

（5）教学训练时对二传队员要进行专门和系统的训练,要根据排球比赛的实战要求和实际需要,训练方法要多样化,从难从严从实战出发进行针对性的教学训练。

五、扣球教学训练

（一）教学训练难点

以正面扣球技术为例。正面扣球技术是扣球中的一种最基本方法。在正面扣球技术的几个动作环节中,选择好起跳点及起跳时机,保持好人与球的关系是扣好球的基础,挥臂击球是完成扣球动作的关键环节。抓好起跳及击球这两个正面扣球的教学难点对队员学习正面扣球至关重要。

（二）教学训练顺序

队员在初步掌握垫球、传球及正面上手发球技术之后再学习扣球技术。正面扣球技术是其他扣球技术的基础,教学中队员应首先学习,在此基础上再学习其他扣球技术和战术扣球。扣球技术比较复杂,初学时较难掌握,所以,教练在教学时宜采用分解教学法,将助跑、起跳和扣球挥臂环节分别进行学习,待队员掌握后,再用完整教学法教授扣球的完整动作。

扣球教学应先学习4号位扣一般高球,然后学习2号位扣一般高球,在此基础上再根据队员水平学习3号位扣半快球、快球、短平快球、背快球和调整扣球技术等。

(三)教学训练步骤

1. 讲解与示范

(1)讲解:教练首先讲解扣球技术在排球比赛中的作用,技术方法与动作要领。在初步掌握技术动作后,教练再进一步讲解助跑节奏、时机、起跳点的选择,击球点及手掌包满时的鞭甩动作等。

(2)示范:教练首先做完整扣球技术的示范,让队员建立完整、直观的动作概念,然后做分解示范(可徒手,也可以结合球),关键环节放慢示范速度,必要时也可边讲解边示范,重点突出动作要领和关键。教练示范扣球时,力量要适当,动作要轻松,效果好。教练要引导队员观察技术动作的结构,挥臂动作的发力,击球的手法,球飞行的路线,弧度与旋转等。

2. 组织练习顺序

助跑起跳练习———→挥臂击球练习———→原地自抛自扣练习———→助跑起跳扣抛球练习———→4号位完整扣传球练习。

(四)教学训练方法

1. 助跑起跳练习

(1)原地双脚起跳练习:全班同学听教练口令练习原地起跳技术,要求双脚蹬地力猛快速,两手臂配合划弧摆动起跳,顺势扣球,手臂上举,后引,抬头,展腹,身体成反弓形,落地时双脚前脚掌过渡到全脚着地,屈膝缓冲。

(2)一步或两步助跑起跳练习:集体听教练口令做一步或两步助跑起跳,要求练习速度由慢到快,手脚配合协调,注意控制身体平衡。

(3)队员分别站在进攻线后,听教练口令向网前做两步助跑起跳练习,在此基础上再学习多步助跑,变方向助跑和跑动起跳,要求队员注意助跑起跳的节奏和起跳点位置的选择。

2. 挥臂击球练习

(1)徒手模仿扣球挥臂练习:按规定的队形听教练口令做挥臂练习,要求挥臂放松自然,弧形挥动,有鞭甩动作。

(2)扣固定球练习:扣吊球;或两人一组,一人双手持球高举,另一人原地扣固定球;或自己左手举球,右手做挥臂击球练习。其要求击球时全手掌包满球,做快速鞭打动作。

(3)自抛自扣练习:每人一球,距墙5米左右先抛一次扣一次,然后连续对墙扣反弹球,或两人面对相距6~7米对扣,也可在低网上自抛自扣等,要求击球力量不宜过大,动作放松,手腕有推压鞭甩动作,使击出的球成上旋飞行。

(4)扣抛球练习:两人或多人一组,一人站在距墙5米处抛球,另一人或多人依次对墙扣抛球,在低网前的一抛一扣练习,或在低网前轮流扣教练的抛球练习,要求抛球距离有近有远,弧度由低到高,扣球者选好起跳点,保持好击球点,挥臂击球手法正确。

3. 完整扣球练习

（1）4号位扣球练习：扣球者每人一球，先将球传给3号位，再由3号位把球顺网抛或传给4号位，扣球者上步助跑起跳扣球，要求掌握好上步起跳时机，在空中保持好人与球网的位置关系。

（2）结合一传的扣球练习：接对方发的轻球，垫给3号位二传，然后二传把球传给4号位，由4号位队员助跑起跳扣球，要求以中等力量扣球，注意正确的挥臂击球手法，选好击球点，防止触网或过中线犯规。

（3）个人助跑扣球或结合"中一二"、"边一二"进攻战术的扣球练习：要求由4号位跑到3号位或2号位，或由3号位跑到4号位或2号位扣球等，主要培养扣球者在不同位置的扣球能力、场上应变能力和集体战术配合能力。

（五）常犯错误与纠正方法

扣球技术常犯错误与纠正方法见表4-5。

表4-5 扣球技术常犯错误及纠正方法

技术	常犯错误	纠正方法
正面扣球	1.助跑起跳前冲，击球点保持不好	1.进一步讲解，并多做助跑起跳练习 2.做限制性练习，如设置障碍物起跳，地上划出起跳点与落点 3.扣固定球，接垫球，一步起跳扣球
	2.上步时间早，起跳早	1.以口令、信号限制起动起跳时间 2.固定二传弧度练习扣球
	3.击球手法不正确，手未包满，击出的球不旋转	1.击固定球，对墙平扣、打旋转 2.低网原地扣球练习 3.练习手腕推压、鞭甩动作
调整扣球	1.撤位慢，助跑不外绕，影响选择起跳点	1.多做快速撤位，快速上步的助跑起跳练习 2.多做防守后再外绕助跑起跳扣球
	2.人球关系保持不好，手控制球能力差	1.做自抛自扣高球练习，保持好人与球的关系 2.对墙、隔网扣平球练习，提高手腕推压技术
近体快球	1.助跑节奏、步法紊乱，踏跳点不合适	1.进一步讲解快球助跑的时机、特点 2.要多做并熟练各种助跑起跳动作
	2.起跳点太近，造成碰网或过中线	1.助跑起跳扣近网的固定球 2.按扣快球助跑节奏掷小皮球 3.助跑起跳扣抛球
	3.手臂、手腕鞭甩动作不正确	1.原地对墙扣球 2.低网练习挥臂甩腕抽击

（六）教学训练中应注意的问题

（1）扣球技术是队员最感兴趣的技术，队员的积极性都比较高，但队员的注意力往往会集中在扣球效果上，而忽视对正确扣球技术动作的掌握。教练在教学中应注意引导队员掌握正确的扣球技术动作，为其他扣球技术的学习打好基础。

（2）扣球技术教学训练中,应重点抓好助跑起跳和正确的击球手法练习,解决好人与球的位置关系。队员初学时,应加强分解动作练习,并适时地与完整动作练习相结合。对于扣球技术的重要环节,队员必须进行反复、系统地强化练习。

（3）在教学课中,扣球教材的安排,尤其是上网扣球,最好安排在传、垫球技术练习之后。因为在扣球练习时队员的积极性高,如安排在课的前段对其他技术的学习有影响。

（4）初学者上网扣球时,应由教练或技术水平较好的队员担任二传,以便使初学者掌握助跑起跳的时间和起跳点,尽快正确掌握扣球技术。

（5）为了教学方便,对扣球教学训练的总体要求要先徒手扣,后用球扣;先抛扣,后传扣;先轻扣,后重扣;先中远网,后近网;先扣高球,后扣快球。

（6）在教学训练中加强扣球技术的专项身体素质训练,如弹跳力、爆发力、腰腹力、挥臂速度、手指手碗力量等专项素质的训练。

六、拦网教学训练

（一）教学训练难点

拦网技术动作由准备姿势、助跑、起跳、空中拦击球和落地等五个部分组成。要拦住不同的扣球,队员在拦网移动之前必须判断对方扣球位置;要根据二传手传球的一些特点及扣球手的起跳点来选择拦网起跳点;要根据对方扣球人的击球动作来判断拦网的起跳时间及伸臂时间。整个拦网技术动作的全过程,自始至终都贯穿着判断。

起跳时间是否适时是关系到能否及时起跳拦住对方扣球的关键。选择合适的起跳时间,不仅要根据自己的弹跳高度,还要对二传高度、距离、弧度、速度及扣球动作幅度大小、挥臂快慢作出判断。因此,正确地确定起跳时间和起跳点是拦网教学训练的难点。

（二）教学训练顺序

拦网技术教学训练,应在队员初步掌握正确扣球技术之后进行。其教学顺序应是:先教单人拦网,然后再教双人和三人的集体拦网。拦网教学的重点是教单人拦网。

拦网技术教学训练应采用分解与完整相结合的教法,先学习拦网的手型和伸臂动作,再学习原地起跳和移动起跳的拦网动作,最后再掌握完整的拦网技术。拦网移动步法应先学习并步法,再学习交叉步和跑步。

（三）教学训练步骤

1. 讲解与示范

（1）讲解:教练首先讲解拦网技术在排球比赛中的重要作用,再讲解单人拦网技术的动作方法和要领,包括拦网手型、助跑、起跳、空中拦击、落地等,最后重点讲解拦网的判断和起跳时机。

（2）示范:拦网示范应采用完整与分解相结合,徒手与拦网相结合,正面、侧面与背面示范相结合进行教学。采用完整示范是让队员建立完整的拦网技术概念。正面示范是让队员观察拦网手型、手臂间距及起跳动作；侧面示范是让队员观察拦网的身体完整动作以及手臂与网的距离；背面示范是让队员观察拦网的判断，移动、起跳时机及网上封堵的区域和线路等。

2．组织练习顺序

拦网手型练习───→移动起跳练习───→结合球的完整拦网技术练习。

(四)教学训练方法

1．拦网手型练习

(1)徒手模仿练习：原地徒手练习拦网手型，要求两脚平行站立，两臂上举伸直，两手间距约20厘米，十指自然张开。

(2)原地扣拦练习：两人一组，面对面相距1米左右站立，一人预先做好拦网手型，一人对准拦网人双手自抛自扣，要求扣球者准确地把球扣在拦网人的双手上，让拦网者体会拦网手型和拦网时的肌肉感觉。

(3)原地结合低网一扣一拦练习：两人一组，隔网站立，一人扣球，另一人拦网，要求扣球者把球扣在拦网者双手上，拦网者要根据扣球人的抛球情况，及时伸臂拦网，体会触球时的提肩压腕动作。

2．移动起跳拦网练习

(1)网前原地起跳拦网练习：队员集体听教练口令在网前做原地起跳拦网，要求起跳后保持好身体平衡，既要有伸臂过网的拦网动作，又不能触网或过中线犯规。

(2)网前左右移动一步起跳拦网练习：教练站在网前高台上持球于网上空，队员依次在网前左右移动一步起跳拦网，要求队员随教练举球位置的变化而左右移动，移动制动与起跳动作要连贯。

(3)隔网盯人移动拦网练习：两人一组隔网相对，其中一人主动向左右移动起跳拦网，另一人盯住对方，并及时移动起跳在网上与对方双手击掌，要求平行网移动，防止触网，移动由慢到快，保持好人与网的合理位置关系。

3．结合球的拦网练习

(1)一抛一拦练习：两人一组隔网站立，一人向网口上沿抛球，另一人起跳将球拦回，要求拦网人体会起跳时间和拦网动作。

(2)拦固定线路的扣球：教练或指定队员在高台上扣球，固定扣直线或扣斜线球，让队员依次轮流助跑起跳拦网，要求队员区别拦直线球和拦斜线球在取位和拦网手型上的异同。

(3)拦对方4号位或2号位的扣球练习：队员在本方2号位或4号位拦对方的扣球，要求拦网人及时判断对方扣球人的助跑线路，选好起跳点和起跳时机，拦堵对方的主要扣球线路。

4．集体拦网练习

(1)双人原地起跳配合拦网练习：要求两人4只手臂上举伸直，间隔距离保持适当，中间不漏球为宜。

(2)双人移动后配合拦网练习：两人一组，同时移动到3号位起跳配合双人拦网一次，然后分别向两侧移动,与2、4号位队员双人再配合拦网一次,要求配合队员主动与2、4号位主拦队员配合,防止碰撞。

(3)结合各种进攻扣球的双人拦网练习:3号位队员单人拦对方快球进攻一次,立即向2号位或4号位移动与2、4号位队员组成双人拦网拦对方的强攻扣球。要求掌握好拦快球与拦高球强攻的起跳时间及不同的手型变化。

(五)常犯错误与纠正方法

拦网技术常犯错误与纠正方法见表4-6。

表4-6 拦网技术常犯错误及纠正方法

技术	常犯错误	纠正方法
单人拦网	1.起跳过早或过晚	1.教练给予起跳信号,反复练习起跳时机 2.深蹲慢跳或浅蹲快跳
单人拦网	2.拦网时两臂有向前扑打动作	1.正误动作对比示范 2.在网边反复做原地提肩压腕动作 3.低网一扣一拦练习,强调收腹动作
单人拦网	3.闭眼拦网或两手臂之间距离过大造成漏球	1.拦网时眼盯球,养成观察球的良好习惯 2.示范两臂夹紧头部的动作或多做拦固定球的练习 3.网前徒手移动起跳伸臂后不急于收臂,等落地时检查
双人拦网	互相踩脚或两人在空中相碰撞	1.多练移动最后一步的制动动作 2.多练两人移动后并拦的起跳配合

(六)教学训练中应注意的问题

(1)在拦网技术教学训练中,应以学习单人拦网技术为主,双人与集体的拦网战术为辅。当队员初步掌握了拦网技术后,教练应该增多结合扣球和防守反击的练习,使拦网、保护、防守及反攻扣球等技术互相串连和衔接。

(2)在教学训练中,必须抓好拦网的移动、起跳、伸臂、手型、拦击动作等环节的教学训练。在改进和提高阶段则应重视判断能力,突然起跳的能力,空中身体转动、倾斜的控制能力,拦网手法等基本功的练习,这样才能提高拦网技术的实战效果。

(3)拦网技术教学训练不能安排过早或过于集中。过早安排拦网学习,不符合排球技术教学的规律,过于集中学习拦网,不利于提高拦网的能力,甚至会影响队员练习的积极性。所以,拦网技术教学应安排在正面扣球和垫球防守以及简单的进攻战术之后进行,每节课单一地练习拦网的时间也不宜过长。

(4)在拦网技术教学训练中,要逐渐提高难度,一般先学单人拦网,后学双人配合拦网,其次学拦固定路线的扣球,再学拦变化路线的扣球;先学拦近网扣球,再学拦远网扣球和拦各种快攻扣球,同时要强调拦网后的落地动作,以避免运动损伤。

(5)在拦网技术教学训练中要严格训练,严格要求,既要重视拦网的质量,又要重视足够的拦网数量,注重拦网技术的效果,更要防止重扣球、轻拦网的思想。

第五节　进攻战术教学与训练方法

一、教学顺序

队员先学习"中一二"进攻战术,然后学习"边一二"进攻战术,最后学习"后排插上"进攻战术;在学习这三种进攻战术的同时,结合学习相应的进攻配合,最后再逐步练习各种难度较大的进攻打法和复杂的战术配合。

二、教学步骤

(一)讲解与示范

1.讲解

教练首先讲解进攻战术的名称及其特点,基本阵型及打法,队员的站位分工及职责。

2.示范

教练采用沙盘、挂图或请6名队员现场实际演示等方法,让队员对进攻阵型建立直观的概念,然后在半场上按进攻战术的要求,进行不结合球的模仿站位与跑动路线练习,让队员初步体会和明确各位置的分工与配合方法。

(二)组织练习顺序

徒手模仿进攻战术站位练习──→结合球在简单条件下练习──→结合球在复杂条件下练习──→比赛条件下巩固提高练习。

三、教学方法

(一)"中一二"进攻战术教学练习方法

1.徒手模仿"中一二"进攻战术站位练习

教练让队员站在自己的半场上按"中一二"进攻阵型站位,然后进行不结合球的模仿跑动和轮转练习,了解各位置的分工与配合方法。

2.结合球在简单条件下的练习

(1)教练在6号位向3号位抛、传球,3号位二传队员将球交替传给4、2号位队员扣球,扣球后相互交换位置(图4-21)。

图 4-21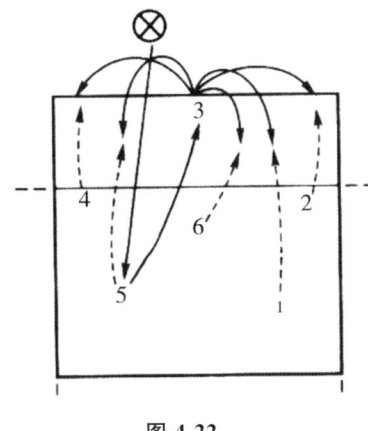

图 4-22

(2)场上 6 名队员站成"中一二"接发球站位阵型,教练从对区抛球,队员接发球练习"中二三"进攻战术(图 4-22)。

(3)场上 6 名队员按"中一三二"接发球站位,接教练从发球区抛球或下手、上手发球组织"中二三"进攻战术(图 4-23)。

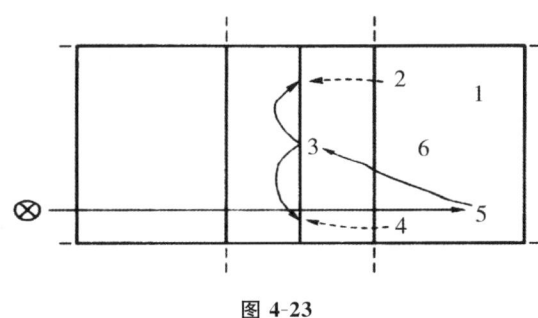

图 4-23

3.结合球在复杂条件下的练习

(1)场上 6 名队员按"中一三二"接发球站位,接教练从发球区发来的上手球,队员接发球组织"中二三"进攻战术,但在进攻队员扣球时,要求后排队员跟进保护,以提高队员的保护意识(图 4-24)。

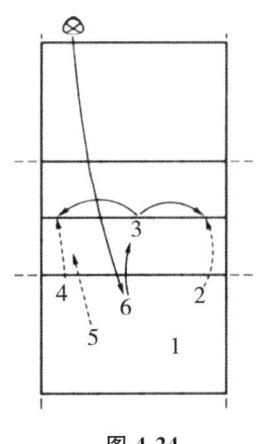   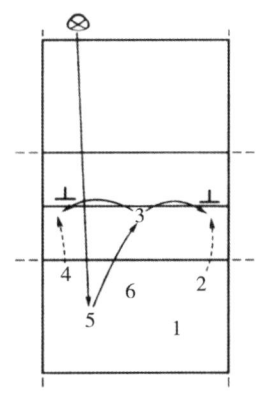

图 4-24   图 4-25

(2)练习方法同上。发球一方增加1名或2名拦网队员,给进攻一方增加网上的难度(图4-25)。

4.在比赛条件下巩固提高练习

(1)4对4的接发球组织"中二三"进攻与防反练习:要求两边发球区有专人发球,甲方发球,乙方接发球组织进攻,甲方防守反击。乙方发球,甲方反之(图4-26)。

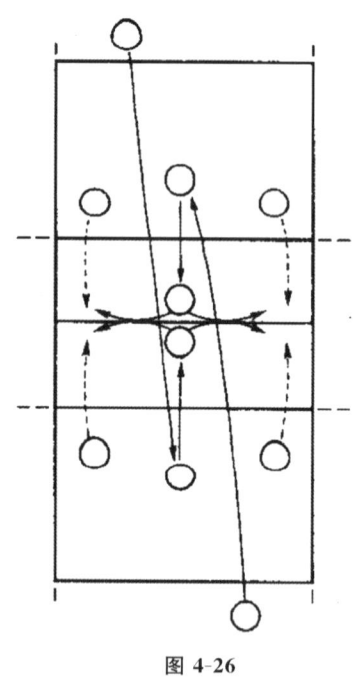

图 4-26

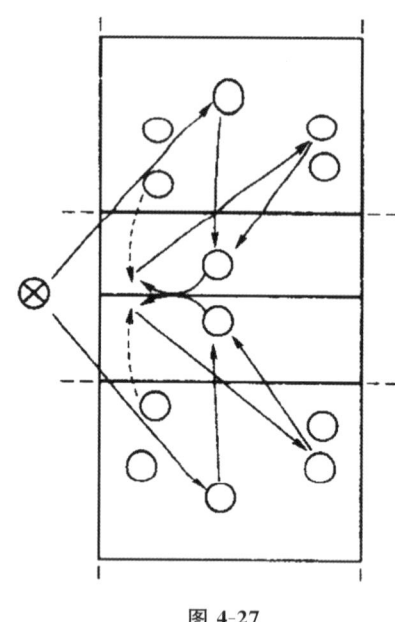

图 4-27

(2)6对6教学比赛进行攻防对抗练习:教练在场外抛球给场上任一方队员,然后双方进行"中二三"进攻和防反练习(图4-27)。

(3)练习方法同上。但防反一方可增加单人拦网,来增加进攻方的难度。

(二)"边一二"进攻战术教学练习方法

1.徒手模仿"边一二"进攻战术站位练习

教练让队员站在自己半场上按"边一二"进攻阵形站位,然后进行徒手的模仿跑动和轮转位置练习,熟悉"边一二"进攻战术各位置的跑动线路、分工及配合方法。

2.结合球在简单条件下的练习

(1)教练在6号位将球抛向2、3号位之间二传的位置,二传队员把球传给4号位或3号位,分别由4号位或3号位的队员轮流扣4号位一般高球和3号位的半快球练习,进攻后互相交换位置(图4-28)。

(2)队员分别站在4号位、3号位准备扣球,由3号位队员将球传给2号位的二传队员,二传队员将球传给4号位或3号位的进攻队员扣球。

(3)队员分别站在4号位、3号位准备扣球,接教练从发球区或对方场区抛球或轻发球组织"边一二"进攻战术(图4-29)。

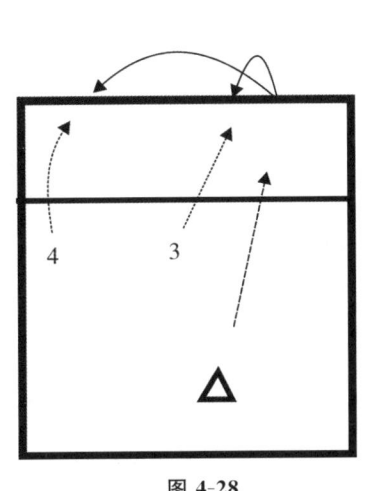
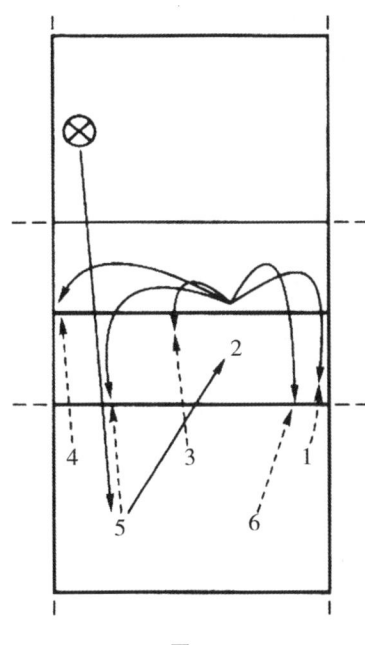

图 4-28　　　　　　　　　　图 4-29

3. 结合球在复杂条件下的练习

(1)场上6名队员按"边一二"接发球站位,接起教练从发球区发来的上手球组织"边一二"进攻。

(2)练习方法同上。发球一方增加拦网,给进攻方增加网上难度。

4. 在比赛条件下巩固提高练习

(1)3对3组织"边一二"进攻与防反练习。

(2)6对6进行"边一二"攻防对抗教学比赛练习:教练在场外随时向场内任一方抛球,然后双方进行攻防对抗练习。

(3)练习方法同上。教练连续向一方发10次球后,再换向另一方连续发10次。教练每次发球后,队员要转动一次位置。6对6的对抗攻防练习,可提高战术的运用能力。

(三)"后排插上"进攻战术教学练习方法

1. 徒手模仿站位练习

教练让队员按"后排插上"进攻战术站位,然后徒手模仿练习1、6、5号位插上跑动路线和职责等。

2. 后排队员插上练习

教练在对方场区抛或发球过网,由1号位或6号位或5号位插上做二传,组织进攻战术。

四、教学应注意的问题

(一)选好二传手

进攻战术教学前,要注意培养二传手,二传手担负着组织进攻的重任,是进攻战术组织的核心,要重点培养。

(二)先教技术,后教战术配合

技术是战术的基础,教练应先教技术,后教战术配合,进攻战术必须有垫球、传球、扣球的技术基础。随着各项技术水平的提高和熟练,队员逐步学习较复杂的战术配合,同时,通过战术配合的教学,反过来带动技术的提高。

(三)学习由易到难

进攻战术教学必须按由简到繁、由易到难、由分解到完整,分练与合练相结合的步骤进行。对初学者进行战术教学,应在掌握发球、垫球技术之后再进行。队员开始学习以"中一二"进攻战术为基础,在此基础上学习"边一二"进攻战术及1号位队员"后排插上"进攻战术。

五、训练顺序

在进攻战术训练时,应当先进行二传与攻手个人之间的配合训练,再安排二传与多个攻手的配合训练;先进行进攻阵型的基本方法训练,再安排进攻阵型的变化与打法训练;先进行一个点的进攻训练,再安排两点乃至多点进攻的训练,循序渐进,逐渐增加训练难度,有效提高训练效果,达到学习进攻战术的目的。

训练不同于教学,必须有一定的运动量,有一定的方法,因人施训,区别对待。排球进攻战术的训练经常以小组练习与全队的练习形式展开,因此,教练与队员都必须对训练的方法、训练的内容、训练的预期效果有一定的了解。在训练方法的具体实施过程中,教练对训练的要素:训练方法、助跑的路线、助跑的时机与节奏、练习的组数、次数有一定要求。

六、训练方法

(一)二传与攻手个人之间配合训练

1. 扣3号位近体快球

3人一组从3号位上步助跑起跳扣教练在网边连续抛出的近体快球。
教练在本方后排连续抛球至二传处,3人一组上步扣二传传出的近体快球(图4-30)。

2. 扣3号位短平快球

教练在本方后排抛球至二传处,进攻队员3人一组上步扣二传传出的3号位短平快球(图4-31)。

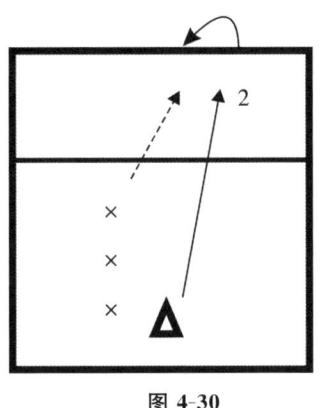 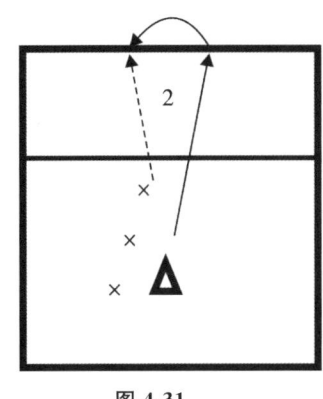

图 4-30　　　　　　　　　　　　　　　图 4-31

3. 扣 3 号位半高球

(1) 教练在本方后排抛球至二传处,进攻队员 3 人一组从 4 号位绕到 3 号位扣半高球(图 4-32)。

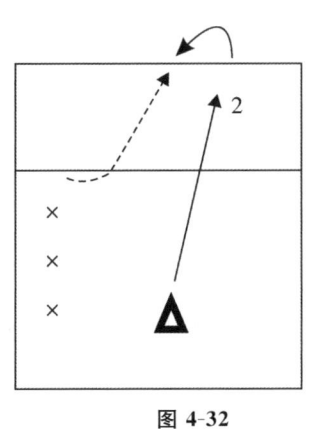 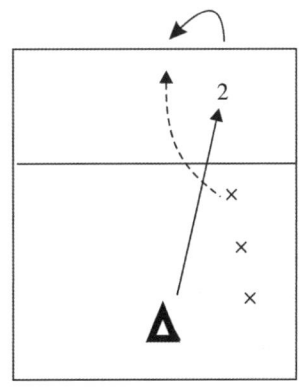

图 4-32　　　　　　　　　　　　　　　图 4-33

(2) 教练在本方后排抛球至二传处,进攻队员 3 人一组从 2 号位绕到 3 号位扣半高球(图 4-33)。

4. 扣各种不同的战术球

(1) 队员分别在 4、3、2 号位,由自己送球给二传并连续扣各种不同的战术球。

(2) 教练隔网抛球,后排 5 号位或 6 号位将球垫到二传处,由网边固定一名二传把球分别传给 4、3、2 号位队员扣各种战术球。

提示:明确扣不同位置战术球的方法和跑动路线,熟悉二传传球的弧度、高度。

(二)二传与攻手多人之间配合训练

在安排二传与攻手之间多人的配合训练时,可采用在本方后场供球组织进攻的训练方法,以增加训练的强度与密度,加大运动量;也可采用接对方发球或轻扣球组织进攻的训练方法,以增加训练的难度,加大对抗,与比赛情景相符。

(三)接发球进攻战术训练

在进攻战术的训练中,结合一传组织进攻训练是最基本的方法。在此类训练方法中,队员应当对发球的质量有一定要求,才能使进攻战术的组织过程流畅、有效,才能保证进攻战术的组织具有实战性。

(1)3人一组接发球组织进攻,无固定二传,4、3、2号位接发球,任意一人接应组织进攻(图4-34)。

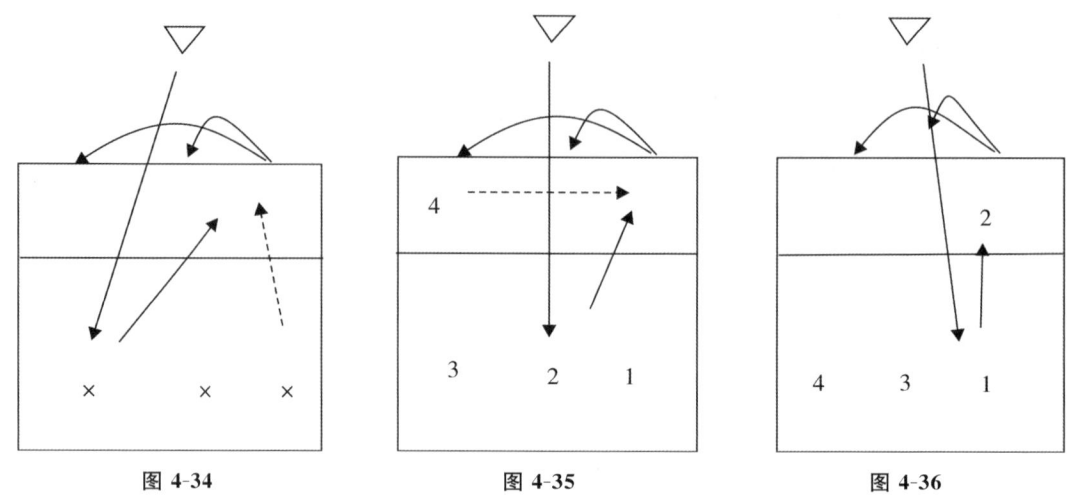

图 4-34　　　　　　　　图 4-35　　　　　　　　图 4-36

(2)4人或5人一组接发球组织进攻。

(3)固定二传,站成"反边一二",3、2、1号位队员接发球组织进攻(图4-35)。

(4)二传在网边成"边一二"站位,4、3、5、6号位接发球组织进攻(图4-36)。

(四)结合比赛的进攻战术训练

比赛训练法是战术训练的基本方法,能够使进攻战术的训练在最大程度上接近实战,使进攻战术的训练保证训练运动量、训练的强度与密度;在比赛的情景中考量进攻战术组织的效果,在比赛的状况下考察进攻战术组织的不足与改进之处。

1. 6人(阵容配合)接发球组织进攻

先由甲方(或乙方)6人,采用"四二"配合、"W"型站位接发球组织进攻;由教练在中后场发球,再由教练和队员在端线外发球。

2. 双方按比赛形式发球和接发球组织进攻、轮转发球

双方在各自场地上,由甲方1号位队员先发球,乙方接发球组织进攻,甲方可以组织拦网和后防,但不组织反攻。

训练要求:一攻组织失误就换发球,一攻组织成功3~5次换发球,不再组织反攻。

提示:接发球时准确判断、快速取位,注意同伴之间的相互配合和接应;二传尽量将一传到位球组织战术攻。

七、训练应注意的问题

（一）通过进攻战术训练强化技术的运用

在练习技术时，就是贯穿着对战术意识的培养，掌握了一定的技术，将这些技术有机地串连起来，实际上就是战术配合。提高了个人战术意识，才能更好地发挥集体战术配合。在训练进攻战术时，要强调技术运用的时机与合理性，要逐步提高战术意识。

（二）注重进攻战术与防守战术对抗训练

进行进攻战术训练时，要先练进攻，后练防守反攻，把进攻与反攻结合起来才能互相促进，在攻防对抗中提高战术训练效果。

（三）多采用比赛对抗训练法

比赛对抗训练法是进攻战术训练的重要方法之一，战术的学习与训练只有在比赛中才能真正有效的提高。训练时要注意比赛对抗的强度的循序渐进。

第六节　防守教学与训练方法

防守战术的教学主要是教练根据教学任务、教学目标、队员的学习情况选择和采取有效的方法进行施教。

一、教学顺序

（一）接发球教学顺序

队员先学习"中一二"站位接发球的全队防守，然后学习"边一二"站位接发球的全队防守。在全队学习接发球防守战术之前，队员应先学习个人接发球（如：场上不同位置接发球），再进行小组接发球学习（如：场上前、后排、各三角地带接发球），最后进入全队学习"中一二"站位或"边一二"站位接发球。

（二）接扣球防守教学顺序

队员先学习单人拦网下的防守战术，再学习双人拦网下的防守战术。在学习全队接扣球防守战术之前，队员应先学习个人接扣球（如：在后排不同位置防守各种线路来球，直线、斜线、吊球等），再进行小组接扣球学习（如：前排拦网，在场上前排不参加拦网的队员后撤防守，后排5、6、1号位队员的跟进或补位等），最后进入学习全队单人拦网下的防守战术或双人拦网下的防守战术。

(三)接拦回球防守教学顺序

队员依次学习5人、4人、3人的接拦回球防守战术。

(四)接传垫球防守战术教学顺序

根据对方采用传垫球时的情况和时机,队员依次学习5人、4人、3人的接传垫球防守战术。

二、教学步骤

(一)讲解与示范

1. 讲解：

教练主要讲解各种防守战术的名称和概念、特点与运用,防守的基本阵型及基本要求,队员的职责、相互间的配合,防守与反攻的衔接等。

2. 示范

教练运用挂图、沙盘或指定队员现场实际演示等方法,让队员了解防守阵型的组成,每个防守位置的职责和防守队员之间的配合方法等。

(二)组织练习顺序

(1)个人练习——→小组练习——→集体练习,单项练习——→组合练习——→串联练习。

(2)徒手模仿——→无条件的练习——→简单条件的练习——→复杂条件的练习。

三、教学方法

(一)接发球教学方法

1. 徒手轮转站位练习

以"中一二"站位接发球为例。队员分别站在甲、乙场地1至6号位,成"中一二"站位接发球阵型,听教练口令,甲、乙场地的队员同时依次轮转位置,直到6轮次结束,让队员明确各自接发球的具体站位。

6名队员在半场站成"边一二"接发球阵型,听教练口令,队员轮转位置,直到6轮次结束。

2. 个人接发球练习

(1)两人一组,边线外一发一接,若干次后交换发接球(图4-37)。

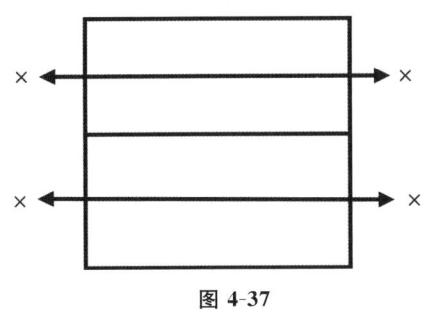
图 4-37

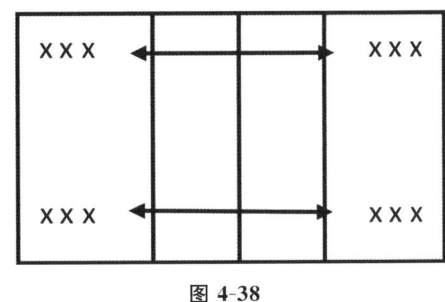
图 4-38

(2)队员分成四组站在甲、乙场地,隔网中场直线(或斜线)发接球,若干次后交换发接球(图 4-38)。

3. 小组接发球练习

(1)3 人一组分别在甲、乙场地接其他队员端线外发过来的球,每一组接到位若干次后轮转,直到结束再交换组别接发球练习(图 4-39)。

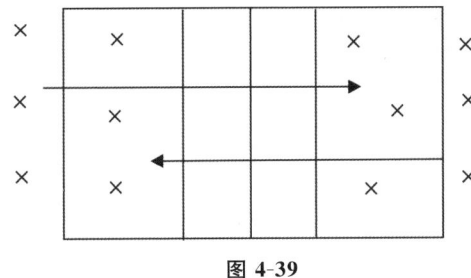
图 4-39

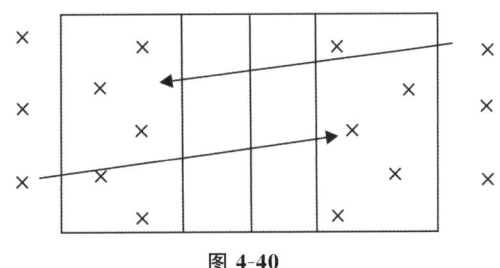
图 4-40

(2)5 人一组,前排 3 人、后排 2 人分别在两边场地接其他队员从端线外的发球,每一组接到位若干次后轮转,直到结束再交换组别进行接发球练习(图 4-40)。

4. 简单条件下练习

队员在甲场地按"中一二"站位接发球阵型,接教练(或队员)从乙场地中场,用下手(或上手)发球,每一轮次接到位若干次后轮转直到 6 轮次结束,再交换组练习。

5. 复杂条件下练习

按比赛形式发球和接发球,以"边一二"站位接发球为例。双方以"边一二"站位阵型,以接球到位效果为基准,接球方将对方发球垫到二传位置(或指定落点区域),才能获得发球权并轮转位置,否则继续接对方发球。接发球到位不组织进攻,前排二传将到位球接住。

(二)接扣球防守教学方法

1. 徒手防守站位练习

(1)以单人"人盯人"拦网防守战术为例。队员站在甲场地按单人拦网的防守位置站位,乙场地前排 4、3、2 号位各站一位队员,听教练喊到的几号位该队员举手示意,甲场队员立即进行前排单人拦网,后排防守,若干次后轮转位置,让队员明确每一轮次、每个位置的分工和职责,以及合理取位。队员完成六轮次后再交换其他组练习。

（2）以双人拦网"边跟进"防守战术为例。方法同上。甲场队员立即进行前排双人拦网，后排进行1号位或5号位做"活跟"跟进。

2. 个人接扣球防守练习

（1）队员在5号区和1号区连续左右移动接教练3号区原地自抛扣球，分组进行若干次后交换组别练习（图4-41）。

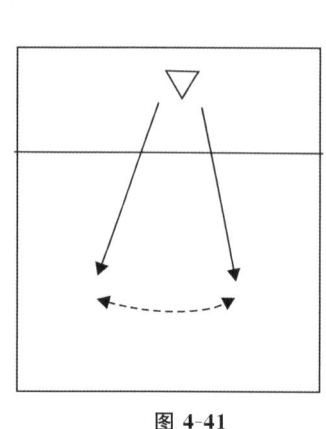

图 4-41   图 4-42

（2）教练在乙场地4号位高台自抛扣球，队员在甲场地5号区（或6号区）防守，分组连续进行若干次后交换组别练习（图4-42）。

3. 小组接扣球防守练习

（1）教练在对方场地4号位高台自抛扣球，队员3人一组在5、6、1号区防守，分组进行若干次后交换组别练习（图4-43）。

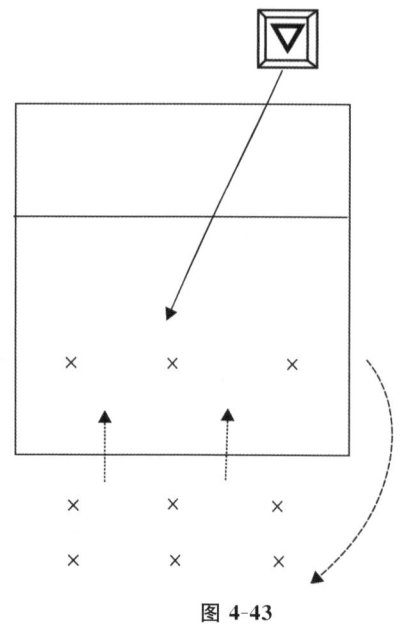

图 4-43

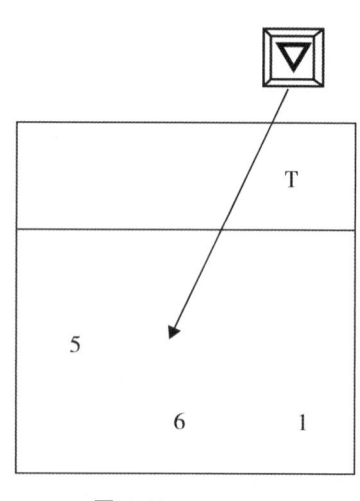

图 4-44

(2)教练在对方场地4号位高台自抛扣球,前排单人拦网,后排5、6、1号区防守,分组进行若干次后交换组别练习(图4-44)。

4.简单条件下的练习

(1)无人拦网防守阵型。

6名队员在甲场地站成"中一二"基本防守阵型,教练在对方场地前排任意位置掷球过网,队员进行防守将球垫到二传处,若干次后轮转,6轮次完交换组别练习。

(2)结合拦网防守练习。

单人"人盯人"拦网,6名队员在场地成"边一二"基本防守阵型,教练和指定队员分别在对方场地4、2号位高台扣球,前排队员根据进攻点单人"人盯人"拦网,后排呈单人拦网防守阵型进行防守。

5.复杂条件下的练习。

(1)双人拦网"边跟进"防守。

教练在甲场地中场抛球给二传组织前排"前交叉"和"后交叉"战术进攻,乙场地6名队员前排根据进攻点采取双人拦网,后排进行"边跟进"阵型防守,若干次后轮转、交换练习。

(2)双人拦网"心跟进"防守。

甲场地教练在网边抛球给前排队员扣球,乙场地6人站位,前排队员根据进攻点立即移动组织双人拦网,后排队员进入"心跟进"防守阵型。6号位队员跟进保护和防吊球。其他队员各尽其责。队员练习时可以直接前、后排交换,或按轮次轮转的形式交换组别。

四、教学应注意的问题

(一)明确位置

各种防守战术教学时,教练应随时提问队员所在的位置,让队员明确各个位置接发球、接扣球或拦网的具体职责、任务。

(二)把控发球难易度

在接发球防守教学时,为了让队员能够接到球,体会一传到位的概念,因此,教练要控制发球的难易度。

(三)扣球难度适宜

接扣球防守教学时,教练应考虑队员的实际水平,安排扣球难度要适宜,以提高防守练习效果。

(四)合理运用防守技术

教练应注意指导队员在不同的防守状态下,合理运用不同的防守技术动作以及与同伴的相互配合、补位。

五、训练顺序

接发球训练时,应先进行个人单项的接发球技术训练;再进行小组接发球区域的配合防守训练,最后进行集体基本阵型的训练;先进行5人和4人基本站位接发球的训练,再进行基本阵型的变化训练。以常用接发球阵型站位为主。

在进行接扣球防守训练时,应先进行个人单项接扣球防守技术训练,再进行小组及前后排拦防的配合训练,最后进行集体防守训练;先进行单人拦网,接着双人拦网基本阵型的训练,然后再进入基本阵型的其他变化训练。以常用接扣球防守阵型为主。

在进行各种防守战术训练时,先有目的地加强各个战术环节的训练,再进行战术系统训练。有目的的训练,才能符合实战需要,特别有利于培养战术意识。

教练应提示各环节个人防守的重要性,然后重点指出集体防守对组织反攻的作用,最后说明防守在临场的运用。

六、训练方法

(一)接发球训练

1. 个人进行线路、场区接发球

(1)自己面对墙壁3~5米发球,自己接球(图4-45)。

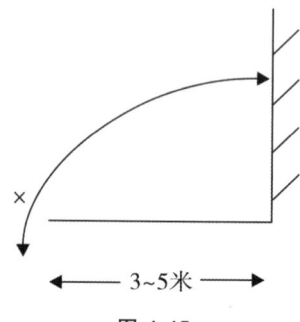

图 4-45

(2)将队员分组,一组隔网中场或端线发球,另一组接直线、斜线、前场区、后场区的球,相互交换训练(图4-46、图4-47)。

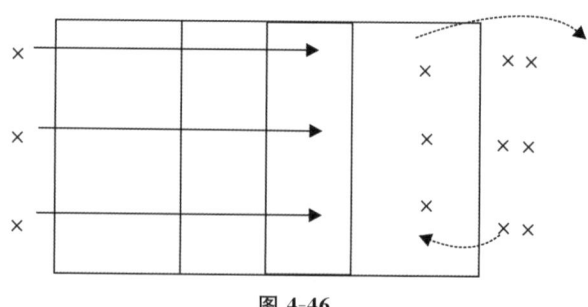

图 4-46

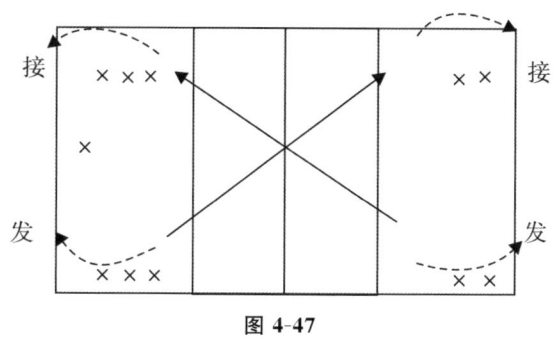

图 4-47

2. 小组进行区域、三角地带接发球

(1) 左场区三角地带

前排 4、3 号区队员和后排 5 号区队员形成左场区三角地带,小组配合接发球训练(图 4-48)。

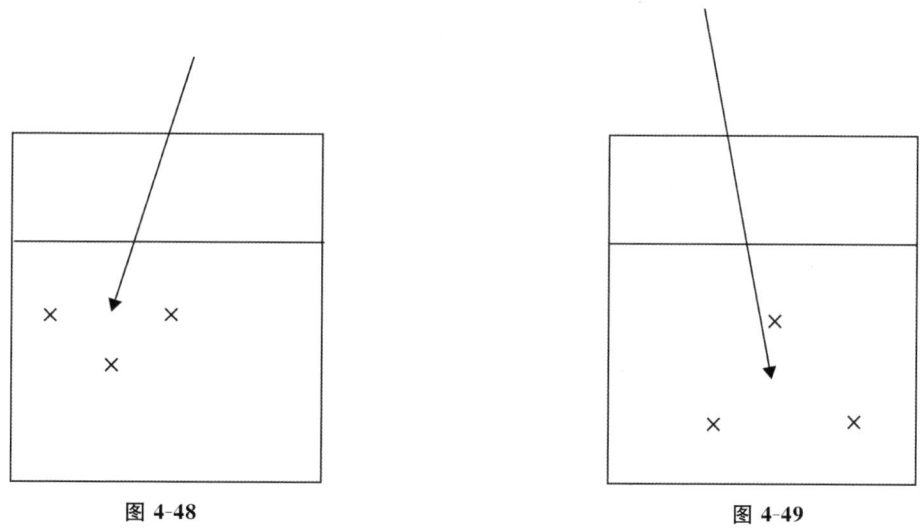

图 4-48　　　　　　　　　　图 4-49

(2) 中场区三角地带

站在中间限制性附近 3 号区的队员和后排 5 号区、6 号区的队员形成中场区三角地带,小组配合接发球训练(图 4-49)。

3. 简单条件下的训练

(1) 队员分组,先由 6 名队员在场地按"中一二"站位形式,教练在对方中场用下手(或上手)发球,队员将球垫到二传处,二传把球接住不组织进攻。每个轮次接发球到位 3 个或 5 个,然后轮转直到结束再换组训练(图 4-50)。

(2) 队员分组,先由 6 名队员在场地按"边一二"站位形式,教练(或队员)在对方场地端线发球区用上手发球,队员将球垫到二传处,二传把球接住不组织进攻。每个轮次接发球到位 5 个,然后轮转直到结束再换组训练(图 4-51)。

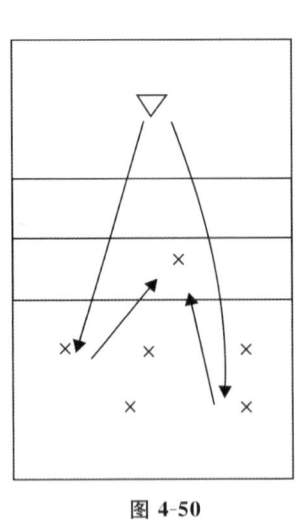
图 4-50

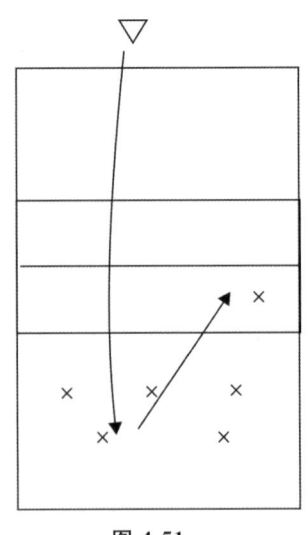
图 4-51

4. 复杂条件下的训练

(1) 队员分组,先由 6 名队员按"中一二"站位形式,教练员在对方场地中场高台上用上手发球,队员将球垫到二传处,二传把球接住不组织进攻。每个轮次接发球到位 5 个,然后轮转直到结束再换组训练(图 4-52)。

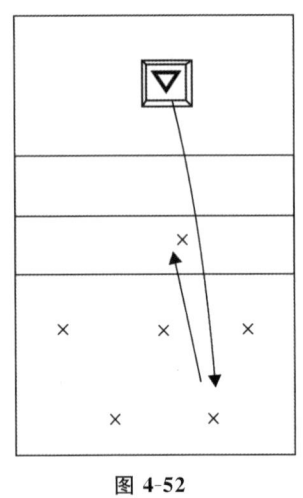
图 4-52

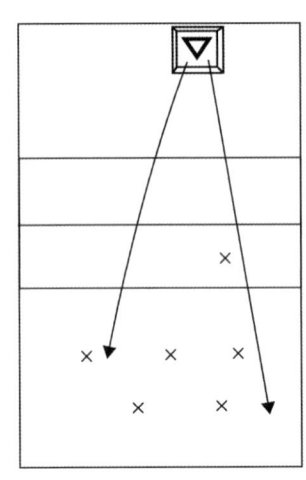
图 4-53

(2) 队员分组,先由 6 名队员按"边一二"站位形式,教练在对方中后场(或端线发球区)高台上用上手发球(有意识地发到三角地带或后场大角),队员将球垫到二传处,二传把球接住不组织进攻。每个轮次接发球到位 5 个,然后轮转直到结束再换组训练(图 4-53)。

(3) 按比赛方式进行。双方接发球组织进攻,要求只需完成"一攻"计算得分。

(二) 接扣球防守训练

1. 队员分别在 4 号区和 2 号区防守小斜线

站在网边 2 号区原地自抛扣球至 4 号区限制线附近(或 5 号区大斜线),队员将教练的扣球防起垫到网边二传处，分组连续进行若干次再交换组别训练。同样方法教练站在网边4号区，队员在2号区防守小斜线或1号区大斜线(图4-54)。

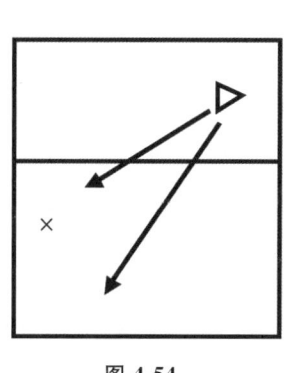

图 4-54   图 4-55

2. 队员分别在1号区和5号区防守直线

教练站在对方场地4号位高台上自抛扣球至1号区直线(或5号区大斜线)，队员将教练的扣球防起垫到网边二传处，分组连续进行若干次再交换组别训练。同样方法，教练站在甲场地2号位高台上，队员防守5号区直线(或1号区大斜线)，如图4-55所示。

(三)拦网防守训练

1. 前排单人训练

(1)队员分别站在双方场地网前，原地起跳相互碰压双手。一人网前抛球，另一人起跳拦球。

(2)前排双人拦网训练：队员站在甲、乙场地前排4、3、2号位，由3号位队员向4、2号位移动组成双人拦网。教练抛球，甲场地队员扣球，站在乙场地前排4、3、2号位的队员根据进攻点移动组织双人拦网。

2. 小组前排拦网(双人拦网)、后排防守

(1)队员分别站在甲场地前排4、3、2号位扣教练抛球，乙场地队员3人一组站在网边判断进攻点，立即移动，组织前排双人拦网，连续进行若干次再交换组别训练(图4-56)。

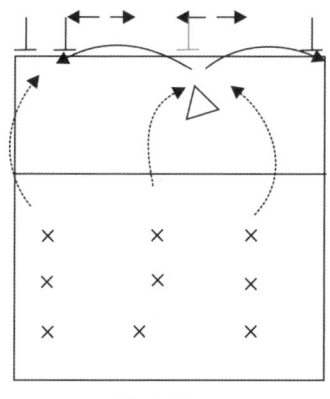 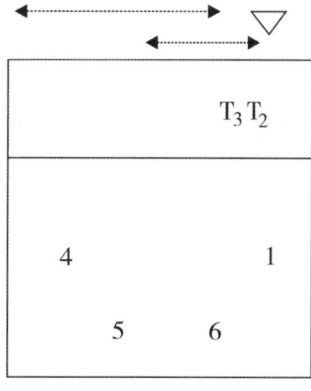

图 4-56   图 4-57

(2)将乙场地队员分成4人一组,前排3人、后排1人站在1号区(或5号区),教练在甲场地持球站网前4、3、2号位任意移动到位后将球举起,队员根据教练举球点组织双人拦网,前排不参加拦网的队员后撤防守斜线,后排1号区(或5号区)的队员防守直线球(或边跟进防吊球),连续进行若干次再交换组别训练(图4-57)。

3. 简单条件下的"边跟进""心跟进"训练

(1)将乙场地队员分成6人一组,前排3人、后排3人站在1、6、5号区,教练在甲场地持球站网前4、3、2号位任意移动到位后将球抛或吊"心空",队员根据教练抛球点组织双人拦网,前排不参加拦网的队员后撤防守斜线,后排1号区(或5号区)的队员防守斜线球,6号位队员跟进保护和防吊球,连续进行若干次再交换组别训练。

(2)将乙场地队员分成4人一组,前排6人、后排1人站在1号区(或5号区),教练和指定队员分别站在甲场地4、2号位高台上交替自抛扣球或吊球,队员根据进攻点组织双人拦网,前排不参加拦网的队员后撤防守斜线,后排1号区(或5号区)的队员防守直线球(或边跟进防吊球),连续进行若干次再交换组别训练。

4. 复杂条件下的"边跟进""心跟进"训练

(1)甲场地教练站在中场抛球给网前二传,二传将球传给前排队员扣球,乙场地6人站位,前排队员根据进攻点立即移动组织双人拦网,后排队员进入"边跟进"防守阵型。1、5号位队员根据临场情况跟进(活跟)保护和防吊球。其他队员各尽其责。训练时可以直接前、后排交换,或按轮次轮转的形式交换组别。

(2)甲场地队员分别在4、3、2号位自己将球传给二传,然后扣球,乙场地前排队员根据对方进攻点立即移动组成双人拦网,后排队员形成"心跟进"阵型进行防守。

(3)双方按比赛形式进行"一攻""反攻"对抗训练。

七、训练应注意的问题

(一)难易结合

教练安排各种防守训练时,考虑到训练过程的连续性应难易结合,必须具有一定的强度和运动量。

(二)明确目标

只有明确训练方法、内容、任务、目的,有针对性地考虑队员实力水平进行分组,才能收到较好的训练效果。

(三)循序渐进

对于训练的时间、次数、组数等,在全队统一安排的基础上,教练应根据队员个人的具体情况和特点,要区别对待、循序渐进,才能起到促进各种防守训练的作用。

(四)合理选择训练方法

教练应根据队员的情况采用合理的训练方法,防守训练可以考虑采用分组训练法、变换训练法、多球训练法和重复训练法进行。

第七节　攻防转换战术教学与训练

一、攻防转换战术含义与形式

(一)攻防转换战术含义

在排球比赛中,进攻是为了将球击落至对方场区或引发对方失误、犯规而采取的一切合法手段,防守是为了不让对方的来球在本方场区落地而成为"死球"而所采用的一切合法手段。攻防转换战术是排球比赛中,队员依照规则合理地组织运用一切有效的进攻战术和防守战术而进行不断转换的过程,也是排球"四攻"系统综合运用的过程。

(二)攻防转换战术形式

进攻和防守是排球比赛中的矛盾统一体。攻防交替发展是排球运动自身的规律,攻防关系紧密相连、相互依存、相互作用不断地推动排球运动的全面发展。排球比赛中由进攻环节和防守环节组成了攻防转换战术系统。它有以下几种形式:

(1)接对方发球立即转入进攻的形式,是"一攻"系统的内容。它主要包括一传、二传、扣球技术环节。

(2)接对方扣球立即转入进攻的形式,是"防反"系统的内容。它主要包括前排拦网和后排防守、二传、扣球技术环节。

(3)保护(接起)本方进攻被拦回来的球立即转入"反攻"的形式,是"保攻"系统的内容。它主要包括保护、二传、扣球技术环节。

(4)接对方无攻(传或垫过来)的球立即转入"反攻"的形式,是"推攻"系统的内容。它主要包括接对方无攻球、二传、扣球技术环节。

(5)"一攻"系统与"防反"系统转换,即"一攻"没有直接完成得分,立即转入"防反"的过程。

二、排球攻防转换战术的运用

排球比赛中,除了发球以外,每一次发起进攻都是建立在防守的基础上进行的。现代高水平排球比赛充分利用点、线、面和时空的变化,形成了多种多样的进攻技战术形式,是取胜的主要手段;而有效的防守不仅是为了减少失分,更重要的它是得分的基础和保证,也是获胜不可忽略的环节。因此，队员在比赛中必须做到攻防兼备，处理好每一次进攻和防守转换环节，抓住攻防转换过程中的取胜机会。本节主要介绍"一攻"系统和"防反"系统的运用。

（一）接发球防守及其组织进攻

"一攻"不仅可以直接得分或失分，同时还影响"防反"水平的发挥。"一攻"水平强势，就能够抑制对方的防反能力，减少本方保攻的次数，争取更多的推攻机会。每个队都有基本的接发球防守阵型，组织进攻阵型及进攻打法，但是在比赛临场情况发生变化时，"一攻"中的进攻和防守等环节也可以适当地进行微调。

1. 根据对方发球情况组织"一攻"

当对方发球特性变化导致我方一传不到位或连续失误的情况下，本方应立即采取措施，根据自己的进攻阵型和进攻打法及时调整接发球防守阵型，组织相应而有效的进攻来扭转局面，以便保证一攻的质量。

2. 依照本方打法需要组织"一攻"

可以根据本方进攻战术打法的配合需要，安排接发球防守阵型；进行合理的位置交换，组织各种快速多变的进攻战术，使"一攻"的威胁力得到充分发挥。

3. 根据比赛临场情况组织"一攻"

比赛处在关键时，"一攻"中的各技术环节以及防守阵型和进攻打法的运用极为重要，从接发球防守转入组织进攻的时机和节奏都应把握准确。

（二）接扣球防守及其组织进攻

在每球得分制的比赛中，"防反"不仅可以获得发球权，重要的是还可以得分，争取胜利的机会，同时还可以弥补"一攻"的不足，因此，"防反"系统也是比赛中不可缺少的重要过程。"防反"系统如何根据临场情况选择有效的接扣球防守阵型并组织多种战术配合的运用，将对比赛胜负有着不同程度的影响。

1. 根据对方进攻情况组织"防反"

当对方进攻能力强且打吊直线较多时，本方接扣球防守阵型以双人拦网"边跟进"为主；当对方吊"心空"时，本方则调整采用双人拦网"心跟进"防守阵型，然后组织"边二三"或"插三二"战术进行反攻。

2. 根据本方的情况组织"防反"

当前排拦网较薄弱时，本方应加强后排防守，确保防起对方进攻，以便组织多种反攻战术。为了保证"防反"的质量，本方则应尽量做到前后排拦防相互配合，加强阻拦对方进攻或提高起球效果，再组织"边二三"或"插三二"各种快速多变反攻战术。

3. 根据比赛临场情况组织"防反"

在临场比赛中，当"一攻"发挥不足时，本方则应加强"防反"的有效运用。比赛关键时，本方应特别重视"防反"每个环节的衔接，由"一攻"转入"防反"过程的节奏控制。

三、教学顺序

队员先学习接传垫球防守及组织进攻;其次学习接发球防守及组织进攻;再学习接扣球防守及组织进攻;最后学习接拦回球防守及组织进攻。

四、教学步骤

(一)讲解与示范

1. 讲解

首先要使队员明确"四攻"系统各自在比赛中的具体作用;其次,进一步让队员了解在比赛中攻防转换过程的各环节时机的掌握、节奏的控制以及攻防战术的选择和组织。

2. 示范

教练通过看录像或现场演示方法,让队员有个直观的印象和模仿的范例,以便尽快掌握和运用攻防转换战术的全过程。

(二)教学顺序

(1)先由局部练习 ── → 小组练习 ── → 阵容练习。
(2)先由简单练习 ── → 难度练习 ── → 对抗练习。

(三)教学方法

1. 接发球组织进攻

(1)局部练习

队员分别在地左右半区将教练在隔网中场(或端线外)发过来的球接至二传处,然后上网扣球,依次进行练习(图 4-58)。

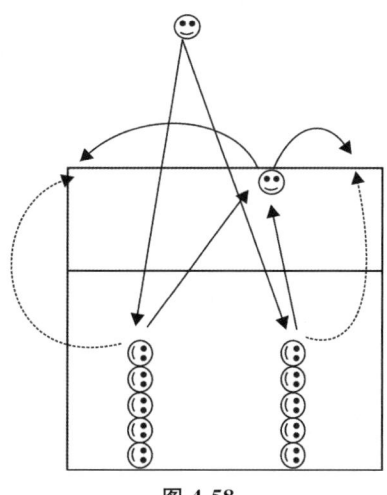

图 4-58

练习要求:自己在左半区接发球,紧接着上网扣二传传出的 4 号位一般高球;相反,在右半区接发球则扣 2 号位一般高球。进攻能力强的队员可以与二传配合,进行扣球个人战术的练习。

(2)小组练习

队员在场地左半区站成三角,将教练隔网中场(或端线外)发球过来的球接至二传处,由网边二传组织前排 3、4 号位队员进攻(图 4-59)。

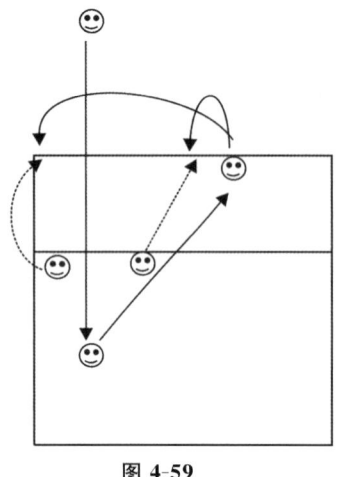

图 4-59

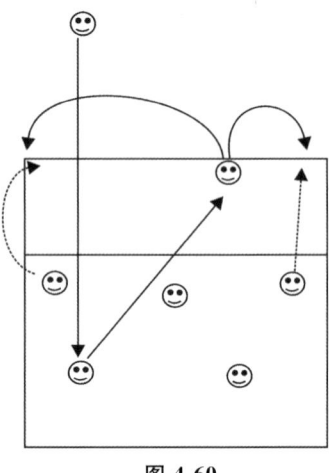

图 4-60

练习要求:教练发球注意分散性,一传到位时,二传可以适当组织简单战术(3、4 号位前交叉战术等)。

(3)阵容练习

6 名队员成"中一二"站位接发球防守阵型,将教练隔网中场(或端线外)发球接至二传处,立即转入组织进攻,二传可以传 4、2 号位一般球或个人战术扣球(图 4-60)。

练习要求:考虑由防守转入进攻的连贯性,要注意发球的难度不易太大,且尽量少发球给参与进攻的队员。

2.接扣球防守组织进攻

(1)局部练习

队员站在 4 和 5 号位之间,将教练在隔网 4 号位高台扣球防起至二传处,接着上网扣 4 号位球,或站在 2 和 1 号位之间,将教练在隔网 4 号位高台扣球防起至二传处,接着上网扣 2 号位球(图 4-61)。

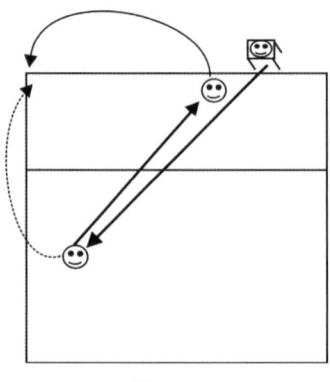

图 4-61

练习要求:队员应尽量扩大防守区域,加强个人扣球战术能力的运用。

(2)小组练习

队员前排2、3号位拦网,4号位后撤防小斜线,5号位防大斜线,将教练在隔网4号位高台扣球防起至二传处,接着转入组织进攻(图4-62)。

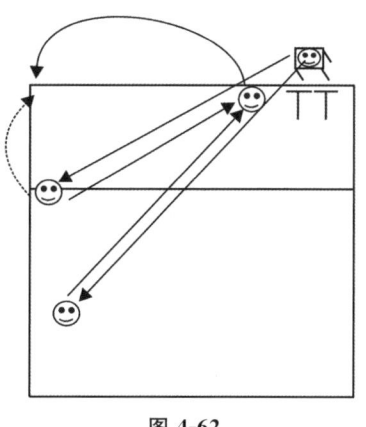
图 4-62

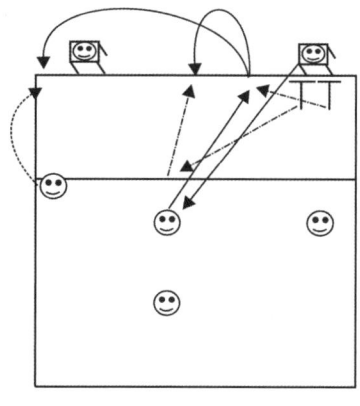
图 4-63

练习要求:教练扣球力量适中,注意分配扣球落点、线路;提示队员前后动作要快,掌握防守转入进攻的衔接节奏。

(3)阵容练习

6名队员在甲场地将教练和指定队员分别在乙场地4、2号位高台上扣球(或吊球)进行拦网和防守起球至二传处,然后迅速转入组织进攻(图4-63)。

练习要求:6号位要注意防守"心空"吊球;前排有拦网的要后撤并迅速参与进攻,不拦网的后撤防守和保护接应。

3."一攻"系统与"防反"系统转换练习

(1)小组练习

队员4人一组,站在甲场地将教练隔网中场发球接至二传处,立即转入进攻(一攻);完成进攻后快速退到中场防守乙场地4或2号位高台扣球,接着转入组织反攻(防反)。

练习要求:一人网边固定二传,防反时二传进行单人拦网,后排三人防守后均可上网扣球。

(2)阵容练习

6名队员在甲场地站成"边一二"接发球防守阵型接端线外队员发球后,立即转入组织进攻(一攻);然后,快速转换成接扣球防守阵型,由教练在乙场地网前任意位置抛球(可视为进攻扣球)或吊球,防守起球后即刻组织进攻(防反),二传可以组织各种"边一二"进攻战术打法。

练习要求:加强"一攻"战术的组成效果;提示注意判断对方进攻点进行拦网和跟进防守;把握"防反"时机。

五、教学应注意的事项

（一）熟练掌握各环节

队员应熟练掌握进攻和防守的每个环节，才能更好地进入攻防转换的配合练习。

（二）注重环节的转换

教练应适时地提示队员在攻防转换过程中，各个环节的跑动路线、节奏以及与同伴的配合。

（三）合理选择练习内容

教练应根据队员技、战术的实际水平，合理地选择、有效地安排攻防转换战术教学与练习的形式和内容。

六、训练方法

（一）训练难点

（1）进攻战术训练难点是强攻、快攻和各种进攻战术的有机结合。防守战术训练难点是根据对方的进攻特点和本方前排拦网情况，进行取位，选择有效的防守区域并及时补位接应。

（2）攻防转换战术训练难点是进攻与防守的有效串联和组织，队员对攻防转换过程的节奏，各环节战术的组织和运用时机。

（二）训练方法

1. 接发球防守及组织进攻训练

（1）反复进行不同位置个人接发球后接着扣球的练习。

（2）安排各种三角地带接发球、2人一组或3人一组接发球转入扣球的练习。

（3）前排个人扣球突破能力以及集体进攻战术的配合训练。

（4）6人站位接发球后组织进攻，不断增加发球难度，二传组织各种进攻战术。

（5）由"中一二"和"边一二"站位接发球组织进攻阵型，进行快速交替练习，以便比赛能灵活转换运用。

2. 接扣球防守及组织进攻训练

（1）个人连续进行专位防守和扣球交替的训练。

（2）个人反复进行接对方场区远、近网扣、吊球，接直、斜线等不同进攻来球后转入扣球训练。

(3)安排小组前、后排拦防的配合并转入进攻的训练。

(4)阵容攻防转换配合训练:单人拦网(人盯人、固定人拦网)防守后组织相应的进攻战术,视情况分主次进行交替训练。

(5)阵容攻防转换配合训练:双人拦网(心、边跟进)防守后组织相应的进攻战术,根据需要有计划地重点训练;

3."一攻"系统与"防反"系统转换训练

以"边三二"接发球防守阵型和"边二三"进攻阵型(一攻)、双人拦网"边跟进"防守阵型(防反)为例。

(1)小组练习

队员四人一组在甲、乙场地接教练中场边线外发球,进行接发球及组织进攻后立即转入接扣球及组织进攻,若干次后换组练习。

练习要求:固定二传,其他 3 名队员进行接发球和接扣球转入进攻,二传进行单人拦网,落地、转身将防守起来的球组织各种战术进攻。

(2)阵容练习

6 名队员在甲场地站成"边三二"接发球防守阵型接端线外队员发球后,立即转入组织进攻(一攻);然后快速转换成接扣球防守阵型,防守由乙场地教练中后场抛球至二传处,由二传传给前排队员扣球或吊球,防守起球后即刻组织进攻(防反)。

练习要求:强调一传和接扣球到位效果;提高"一攻"和"防反"的组织过程;快速形成攻防转换阵型。

(3)对抗练习

可以采用双方比赛形式进行练习,进一步加强攻防各个环节的熟练程度,提高"一攻"与"防反"转换过程的稳定性和精确度。

练习要求:提示队员集中精力,注意相互配合,最大限度地发挥自身和集体的潜力。

(三)训练应注意的问题

(1)要注重提高个人战术意识的训练,以便加强集体攻防转换战术的配合与运用。

(2)教练要注意运用训练技法,即掌握和控制攻防转换的节奏,送球的时机、给球的难易程度等。

(3)进攻和防守,"一攻"和"防反"在攻防转换中同等重要,应贯穿训练的每个过程,不可忽略任何环节。

第五章　学校排球队的组建与训练比赛

第一节　学校排球队的组建

一、组建排球队的目的和任务

（一）目的意义

组建学校排球队是学校体育工作任务之一，它可以全面落实党的教育方针，加强学生思想品德教育，促进校园文化建设，提高排球运动水平，培养排球运动后备人才，增进学生身体正常发育和各项运动机能的发展。

（二）主要任务

（1）全面落实党的教育方针，增强学生体质，促进队员学生身体正常发育和各项运动机能的发展。

（2）通过科学选材，组织有效的基础训练，促使队员拥有一定的排球基本技战术能力和体能基础，为高水平排球运动队输送人才。

（3）推动排球运动的广泛开展，促进校园文化建设，丰富体育文化内容，活跃体育生活。

（4）通过竞赛，能增进友谊，提高排球技术水平。

（5）在训练和比赛过程中，加强思想品德教育，养成队员正确的体育道德行为规范，增强团队意识和拼搏精神，更好地培养德、智、体、美全面发展的新一代社会主义建设者。

二、排球队组建方法

（一）组队前的准备

1. 明确组队任务及制定组队工作计划

首先学校应明确所组球队应承担的任务，根据任务，制定选拔队员的条件和途径。如果是长年训练的，那在挑选队员的时候学校应该注重各个年级队员的平衡分布，从年龄结构、新旧队员的交替衔接来全面考虑，使队伍有阶段性和连续性；如果是为了完成比赛任务，学校应明确参加哪一届哪一个时间的比赛。如一年后才用得上的队员，教练的注意力重心应放小队员身上，但客观上讲，一般是年龄越大，身体素质越好，技术、战术越趋于成熟，临场比赛的经验也越丰富，所以，教练员应根据实际情况出发，考虑队员的制约因素。明确任务后，教练员根据本队建队思想和领导指导意见制定组队工作计划。

2.队伍组建的中心思想

选拔过程是对队员进行宣传和教育的过程，同时也是与其他部门协同工作的一个过程，训练队的工作将牵涉各个部门，应得到他们的积极支持，所以训练队的选拔与训练必须纳入学校工作计划，使这一工作得到统一规划。

3.确定选拔方式

根据运动队自身实际情况，选拔可选择采用以下几种方式：

（1）自由报名

学校公布训练队选拔的条件，如一般条件：品德和文化方面、身高与体重等身体条件、身体素质、技术和技能方面的要求，由感兴趣的队员直接报名。对个别条件较好的队员，学校要进行启发动员，让其报名。

（2）组织选拔赛

学校通过组织一些比赛，观察物色队员。对选中的队员，教练员要和家长取得联系，让他们介绍队员的品行、文化成绩、兴趣、爱好、习惯、个性和家庭情况，供教练员进行综合考察，确定名单后必须征求家长意见。

（3）课堂、课外观察或班级推荐

有的学校由于开学时学校工作安排较紧或队员排球基础较差，组织比赛相对困难，这时教练员可在队员活动时进行观察，选择队员；学校也可以通过推荐的办法产生队员，推荐要求教练员定出选拔条件，以便各班做好推荐工作。

4.排定操作日程

日程要把报名推荐、测试评价、比赛选拔、试训筛选及确定公布名单等各环节，按先后顺序排定时间、地点、主持人、参与对象，确保选拔操作过程顺利进行。

（二）选拔测验内容与方法

排球队的组队选材，既要着重将具有排球运动天赋的人才选进来培养，以期能向省市体校、青少年队输送；也应考虑把那些虽然没有向上输送的可能，但热爱排球运动、表现好、身体素质好、掌握技术动作快且脑子灵活的队员吸收进来，以普及排球运动。

排球队的选材应将科学选材与经验选材结合起来，测验内容应包括队员的身体形态、身体机能、身体素质、基本技术。方法应遵循简单易行原则，其具体内容和方法如下。

1.身体体形

身体形态特征主要是指身高、体重、四肢长度、躯干与下肢的比例等。排球队要挑选同龄组中具有以下特点的队员：身体高而相对细，四肢修长，坐高相对较短，皮脂薄，"头顶尖"。上肢特点是：手臂长而直，舒展长度大于身高为佳，小臂稍长于大臂，手大、手的指节长、指尖间距大,大臂围松紧差大。下肢特点是:下肢直而长,稍超于坐高,大腿稍短于小腿,盆骨较小,跟腱长而清晰,踝关节围度较小,脚大,脚弓明显。

2. 身机能

它通常可通过某些指标反映出来。如心脏的机能,用心率、血压可反映出来;肺的机能,通常用肺活量的大小来反映;还有反应力,神经类型等。

(1)心肺功能

先测安静时的心率和血压,再让队员做同样的项目、同样强度的练习(如30米短距离冲刺、原地下蹲20次)后再测心率和血压,并继续测恢复时间。选安静时心率血压正常、运动后恢复好的队员为好。最大吸氧量是有氧供能中的一个重要指标,可采用台阶试验法进行测试。

(2)神经类型

根据大脑皮层神经细胞接受信号刺激后,兴奋与抑制过程的强度、均衡性和灵活性,神经类型可大致分为:活泼型、安静型、兴奋型、抑制型4类。根据排球运动的特点,青少年选材时,应多选活泼型、安静型的队员,兴奋型次之,对抑制型的队员要慎重挑选。

3. 心理品质

在意志方面主要观察队员的坚持能力,尤其是困难的情况下的坚持性;在兴趣方面主要观察队员对运动,尤其是对排球是否有兴趣;在注意力集中方面主要观察队员在学习时能否集中注意力,时间的长短,能不能在要求集中的时候就能集中。

4. 身体素质

全面的身体素质是排球运动的基础,是提高技术、战术水平的保证。选择队员时,尽量注意选择身体素质好,身材高大的队员。排球运动员的身体素质主要表现在反应速度、起动速度、腰腹力量、爆发力、弹跳力等方面。身体素质测试项目可设羽毛球投远、30米跑(站立式)、立定跳远、助跑摸高、3米移动等。测试标准应按不同性别、年龄组别确定指标。队员入队前的身体素质是队员入队前的基本素质,应作资料保存,待训练一定时间后作对比检查使用。

5. 排球基本技术测试

其主要测试传球、垫球、扣球、发球、拦网等基本技术。教练员通过测试,以便了解队员掌握技术的熟练程度和对球的控制能力。

6. 比赛

比赛是一个综合测试方法。通过比赛,教练员可以全面观察队员的思想作风、基本技术的掌握和运用战术意识、临场经验以及比赛心理素质等情况。

(三)排球队的管理

1. 管理的目的和任务

组织排球队进行训练,是体育工作的一个重要组成部分,教练员与相关部门的老师互相配合,通过对队员文化学习、思想政治教育、运动训练等工作的管理,促进排球队队员在德、智、体诸方面都得到全面发展。

排球队管理的任务是,根据体育事业发展的需要及体校领导提出的任务,按照客观规律,科学地组织运动训练和工作,提高训练效益,正确处理运动训练与队员其他学习任务之间发生的各种矛盾和冲突,充分发挥教练员和队员运动员的积极性,加强队员的思想政治教育,督促队员的文化学习,建立健全各项规章制度,保证排球队各项工作的落实和执行。

2. 管理的内容和方法

排球队管理的主要内容可分为四个部分:一是思想教育工作的管理,二是运动训练工作的管理,三是竞赛工作的管理,四是文化学习的管理。

(1) 思想教育工作管理

排球队思想政治工作的管理,就是对全队人员的思想教育的管理。思想教育工作的管理,要结合运动队的训练,围绕运动队训练目标和学校教育目标进行。其具体内容有:体育道德意识与行为规范教育、集体主义精神的培养、顽强拼搏精神的培养等。

学校排球队的思想政治工作必须坚持实事求是,坚持正面教育,坚持言教与身教相结合,要动之以情,晓之以理,可采取讨论、说服教育的方法,摆事实,讲道理,以理服人。

(2) 运动训练工作管理

运动训练工作管理就中小学而言主要是指对运动训练过程计划与执行的控制。其主要包括运动训练工作的计划管理和组织管理两部分。

① 训练计划管理

运动训练工作计划管理是指教练员根据领导的要求以及所要完成的任务,科学地制定计划,并有效地组织计划实旋,完成训练任务。它又可分为全年或阶段性训练计划与训练课时计划。

全年或阶段性训练计划:教练员要根据本队的实际情况,制定详细的阶段或全年训练计划,提出具体的任务和要求,确定训练的内容和训练的重点以及各项素质、技术动作、战术配合训练所需的时间及比重,使全年训练内容在严密的计划指导下得到全面落实。

训练课计划:根据全年计划方案,详细、具体地把训练内容细化在课次中,它包括课的任务、内容、负荷、数量、步骤、方法、时间、要求和注意事项等。

② 组织管理

运动训练工作的组织管理、含义和范围相当广泛,这里主要是指有关稳定训练秩序,保证提高训练水平的组织措施管理。

学校要建立健全和严格执行各项规章制度,建立稳定的训练秩序,保证运动训练工作的顺利进行。

相关各方应做好运动训练器材设备、场馆等管理,不断完善训练条件,为提高运动训练水平服务。

教练员应不断总结训练工作中出现的问题,科学合理地安排训练时间,探讨新的有针对性的训练方法、手段,提高训练管理水平。

(3) 竞赛工作管理

竞赛管理是学校排球队管理内容的特有形式,也是对排球运动在学校体育文化教育中成果与价值的检验。在竞赛活动中,教练员应做好赛前思想动员,明确竞赛的目的和要求,鼓舞队员的信心和斗志,消除紧张情绪。教练员在临场指挥中,要善于观察,灵活运用战略战术,因势利导,调控竞赛情绪,鼓励队员胜不骄、败不馁,树立良好的比赛风格,全力以赴地投入竞赛,争取最佳的竞赛成果。

(4)文化学习管理

学校排球队训练具有课余性的特点,教练员要摆正业余训练的位置,处理好运动训练和队员文化学习的关系,防止片面强调运动训练竞赛成绩而忽视队员文化学习的倾向,并经常教育队员正确对待课余训练,努力学好文化课,做到运动训练和学习文化两不误。

每周的训练次数不应过多,时间不宜过长,每周训练以2~4次,每次以1~2小时为宜,以免精力投放过多,影响文化学习。教练员可以充分利用两天的周末时间适当延长训练时间、增加训练强度。

参加比赛也不宜过于频繁,并须及时补上因参加比赛而耽误的文化课。

教练员不仅要关心队员的训练,还应经常关心队员的文化学习,定期与班主任、其他任课教师、家长联系,了解他们的学习态度、思想作风以及学习成绩,发现问题,互相配合,及时进行教育。

球队内部形成文化学习互帮互学的氛围,教练员要求同班级、同年级的队员,互相关心、互相帮助、互相督促。每次考试结束后,队内进行总结,表扬那些训练刻苦、学习认真、成绩优异的队员。个别学习成绩明显退步的队员,可暂时让他停止训练,耐心督促,待其学习进步时再恢复训练,以促进其他队员能更好地完成学习任务。

第二节　学校排球队训练特点与要求

一、青少年生理、心理特点

(一)小学生生理、心理特点

此阶段队员的年龄一般在7~12岁之间,这一阶段的儿童身体内各器官的发育还没有成熟,神经系统的兴奋性虽然很高,但是较易于转为抑制型;心血管系统发育还处于初级水平,心肌力量比较薄弱,每搏输出量较少,心跳频率较快;骨骼还在迅速生长,远未骨化;肌肉也没有充分发育,缺乏力量,这在一定程度上给呼吸运动与四肢运动带来了困难;对于这些身体发育尚未完善的排球运动员来说,对其进行运动训练在制定练习量和负荷上要注意,一般来说,运动量不宜过大,也不适宜大强度的耐力练习,否则会影响儿童的正常生长发育。

(二)中学生生理、心理特点

此年龄段的队员神经系统的发育比其他系统早,但神经系统的机能还没有完善,大脑皮层细胞易兴奋和疲劳,注意力不易长时间集中。他们掌握动作较快,善于模仿,但不注意巩固,动作易消退,分析和解决问题的能力较差。

骨骼系统增长比较快,尤其是上、下肢的管状骨,脊椎长度的生长更为突出;软骨组织较多,骨组织内的水分有机物较多,无机盐较少,因此,可塑性较大,但坚固性较差,虽然骨的硬度小,韧性大,不易骨折,但容易变形弯曲,承受压力和张力不如成年人。

肌肉长度生长比宽度增长快。从 14~15 岁开始,肌肉纤维增粗,力量明显增加。16 岁以上,肌肉有良好的弹性和神经调节,有高度的收缩和放松能力。其化学成分、结构和收缩特性接近于成年人。

心脏重量和容积较小,其收缩力量较弱,心输出量较小,心率较快。从 15~16 岁开始,心脏生理肥厚可导致心肌收缩能力提高,心脏容积增大可导致血储备量增加。随着年龄的增长,教练员可逐渐增加其耐力训练。

呼吸频率较快,深度较小,屏息时间较短,肺通气量比成年人低。从 15~17 岁开始,肺呼吸储备能力接近成人水平。

女队员从 11~13 岁出现月经,开始进入青春期。在月经期间,其生理和心理变化大,易产生恐惧感和精神紧张,有时心烦意乱、精力欠佳、体力下降、全身不适等,在训练时应谨慎。

此年龄段的队员有强烈的求知欲望,兴奋性较高,易接受新事物,善于模仿,学习技术较快;但动作粗糙,易掌握而难巩固。他们有时凭兴趣出发,一遇困难和失利,就会出现畏难情绪或失去信心。

他们拥有较强的自信心,容易过高估计自己;喜欢听表扬话,不愿接受批评,希望得到别人的尊重;思想比较单纯,感情容易冲动,好胜心强。女孩子纪律性好,自尊心强,爱面子,有猜疑心。

二、训练特点

(一)抓住运动素质发展敏感期

一般来说,9~12 岁年龄阶段,是运动素质发展的敏感期,通过系统训练,其反应速度增长最快;20 岁左右出现第二高峰。6~23 岁是协调性发展敏感期;12~15 岁是有效发展动作速度年龄。男孩 8~13 岁、女孩 9~12 岁,其速度增长最快。男孩 16 岁左右是耐力提高阶段。

(二)技战术训练特点

加强队员排球运动员的基础训练和开始阶段的专项技术训练,对提高运动成绩有着积极的影响。16 岁以后,身体机能发育成熟,训练中可安排适当难度的技术训练。在训练方法上,教练员可采用重复训练、循环训练、变换训练、串连训练等方法。另外,教练员要加强少年运动员全面技术训练和基本功训练,特别是技术动作规范训练,在技术训练中还应注意培养队员的战术意识。

(三)训练应注意的问题

(1)训练不能影响队员的正常作息,要规定适当的训练时间,保证队员有足够的睡眠。

(2)中队员的抽象思维能力正在迅速的发展,但毕竟不如成人,为此训练中宜多采用直观的教学手段,传授技术。

(3)应根据中队员兴奋性强的特点,发展速度素质,不宜安排大运动量、大强度的训练。

(4)采用丰富多样的教法,强化基本动作,使队员在训练中既不讨厌学习基本技术的枯燥,又能加深对动作的理解,建立正确的动作定型。

第三节　排球比赛临场指导

排球比赛的指导工作是一种在教练员主导作用下,启发引导队员根据双方技战术、体能、心理、智能、经验等状况和比赛环境条件,按照竞赛规程、比赛规律与要求以及本队目标,讨论拟定比赛方案,实施比赛过程,总结提高比赛水平的活动过程。

比赛的胜负,主要取决于队员的思想作风、心理品质、身体素质、技战术、比赛经验等诸因素。但在比赛过程中,特别是在比赛双方势均力敌的情况下,上述诸因素能否发挥其作用,变被动为主动,化劣势为优势,赢得比赛的胜利,则有赖于教练员能否根据不同对手,正确地组织力量,根据赛场变化的情况,审时度势,果断处置,合理调配力量,灵活运用战术,去夺取比赛的胜利。综上所述,教练员的指导工作,对比赛的胜负有着重要意义。

比赛指导工作主要包括赛前准备工作、临场指挥和赛后总结三个部分。

一、赛前准备工作

做好比赛的准备工作是顺利完成比赛任务的重要保证。有了充分的赛前准备,才能较好地应付比赛中各种复杂的局面。比赛准备对于缺乏经验的中小队员来说,显得更为重要。赛前的准备工作,有以下四个方面:

(一)赛前的思想教育

队员在参加比赛前,教练员要针对他们的思想状况,深入细致地做好思想工作,让他们明确比赛目的,端正态度,树立信心,统一思想,赛出水平,赛出风格,争取好的成绩。队员的思想状况,将在比赛中表露无遗,有的背着胜负的包袱,有的闹上场下场,有的怕负责任,有的对强队缺乏信心而对弱队表现得骄傲自大。教练员在赛前要估计到一切,把思想工作做在前面,让队员能集中精力打好比赛。

(二)做好调查,了解对手

调查对手的办法:一是直接观察对手的比赛情况;二是间接了解。对对手的调查研究,主要包括对方主力阵容和主要替补队员的名单、身材、身体素质、心理素质、比赛作风、伤病情况、阵容配备、各轮次攻防的专位、进攻套路、个人战术特点、二传队员分配球的规律及对方队内的团结状况、教练员指挥等。教练员观看对手比赛时应做技术统计,以数据来分析对手。有条件的队,应让全队队员观看对手同其他队的比赛,使队员事前对对手有所了解,做到心中有数。观看对手比赛后,教练员应提倡队员多讨论,组织他们对对手进行分析,提出对策,这样一方面可调动队员的积极性,另一方面也可从队员言谈中掌握他们的心理活动,以便做好他们的思想工作。

（三）制定比赛方案

比赛方案是全队的行动指南，每场比赛都要周密思考，制定切实可行的方案，是比赛胜利的重要条件。

制定比赛方案时，要对我方和对方的具体情况作客观、全面、辨证的分析，找出双方长处和短处，优势和劣势，以己之长克彼之短，以自己优势弥补自己劣势。

比赛方案的内容包括比赛的指导思想、确定上场的阵容、主力队员人选及各轮次的攻防打法、替补队员的使用等。

（四）开好准备会

准备会是临赛前的最后动员部署。

1. 内容

由教练员布置任务，由于中小队员受运动水平、分析能力的限制，开准备会时，宜采用教练员主讲的形式，提出完整的比赛方案，让队员在比赛中执行。

2. 时间要求

(1)准备会的时间一般在赛前3～5个小时召开为宜。

(2)抓住重点，准备会的时间，对中小队员来说，一般不宜太长，关键是以解决问题为主，所以要求教练员事先要做好准备，讲话精练，生动具体，重点突出，明确要解决的问题，并具有鼓励性。

二、临场指挥工作

临场指挥比赛方案的具体执行：比赛场上瞬息万变，需要教练员必须密切注意和观察临场情况，综合分析影响比赛胜败的各种因素，抓住主要矛盾，当机立断地修正和改变战术的对策，帮助运动员对场上情况作出正确判断，合理运用技战术，灵活执行比赛方案，取得最佳比赛效果。

（一）准备活动

(1)提前进入比赛场地，适应比赛场馆环境和观众气氛。

(2)准备活动做得充分适量，使队员比赛一开始就表现出良好的竞技状态。

（二）比赛进程

1. 开局阶段

这个阶段双方基本上都是按照赛前制定的比赛进行，教练员应注意观察原定方案和比赛实际情况是否符合，做好调整的准备。

2. 中间阶段

本阶段双方将会逐步适应对手的战术打法，同时本队的一些薄弱环节也会暴露于对手面前，教练员应根据比赛的具体情况，利用暂停时机，向队员部署进攻战术和拦防的战术对策，在比分领先和战术运用顺利时，要预防对手改变进攻策略和战术。

3. 结尾阶段

这一阶段的比赛，双方争夺最激烈，运动员心理负担极大。教练员要稳住运动员的心理状态，要求相互之间多鼓励，全力以赴，敢打敢拼，提高最后的决战能力和信心，同时根据场上实际情况，冷静判断，采取有效对策去组织关键时刻的攻防战术。

（三）掌握住场上的比分变化

1. 比分领先

按原定比赛方案进行，运动员应坚持前一局或前一阶段已经实施成功的进攻战术和防守战术，不宜调整阵容。当对方改变战术时，教练员要当机立断，提示我队场上队员，防止队员松劲情绪。该阶段，本队应尽量减少暂停，不给对方喘息的机会。如要传达教练员的意图，可以采用换人，或以暗号提示之。

2. 比分落后

首先教练员要鼓舞士气，顽强奋战，增强自信心；然后要找出战术失误的主要原因，改变战术，采取有效的对策，加强薄弱环节，减少失误，尽力发挥个人和全队的特长，要求队长或核心队员起好带头作用，保持旺盛的斗志；通过暂停和换人，调整阵容，稳住阵脚，重新组织力量，以新的对策来扭转被动局面。

3. 比分相持

持续的拉锯战，比分交替上升，说明双方水平接近。此时本方应主动改变进攻策略，转移主攻方向，灵活机动地采取措施，抓住战机，攻击对方薄弱环节，同时也要防止急于求胜而造成的连续失误。

4. 关键时刻

决定一局胜利的最后两分和全场胜负的决胜局的最后几分即是比赛关键。这时，应强调队员相信自己的实力，不能怕输，不能紧张手软，不能失掉战机，要稳、准、狠，尽力发挥特长技术。

（四）暂停和换人

教练员必须根据比赛情况的发展与变化，在规则允许的范围内，充分地、适时地进行"换人"和"暂停"。

1. "换人"

"换人"的目的是为了加强力量，争取比赛的胜利。

（1）为了增强局部实力，可以换人。例如，当主力队员体力不支，或者防守较差的主攻队员轮到后排时，可主动把防守、一传较好的替补队员换上去；当个别队员因某种原因不能正常发挥技术水平，甚至失常时，也需要进行替换。

(2)为了控制比赛速度而换人。场上出现连连失误,从而引起全队慌乱时,可通过换人控制比赛速度,缓和场上队员情绪。

(3)用换人代替暂停作用。借换人的机会,让自由人或其他队员把教练员的战术意图带到场上去。

2."暂停"

(1)分数落后或需要改变本队战术打法,提出新的要求时,可叫"暂停"。

(2)双方相持不下,场上队员缺乏信心,意见分歧或关键时刻,要采取新的战术时,可叫"暂停"。

(3)本方处于不利情况时叫"暂停"。例如,技术上连续失误,或自己长处得不到发挥时,可通过"暂停"来扭转被动局面。

(4)善于利用对方的"暂停"。本方要根据当时场上情况和对方教练员的作风、特点去分析和掌握对方叫"暂停"的意图,提出相应的措施,防止新的情况发生。

三、赛后总结

每场比赛之后,都应召开总结会进行总结。只有认真及时地进行总结,才能纠正缺点,发扬成绩,明确方向,达到打一场提高一步的目的。而阶段比赛或全部比赛结束后的总结,则可通过全面系统的对比分析发现本队存在的主要问题和弱点,为下一阶段训练工作安排提供依据和提出方向。

总结会一般在比赛的次日召开比较合适。因为比赛的当天队员处于兴奋状态,较难冷静地考虑问题。但其也不能间隔时间过长,否则又会把比赛中的许多情节遗忘。

(一)总结指导思想

总结要实事求是,一分为二地看待比赛胜负,既不回避矛盾,也不抹杀成绩,把队伍的作风、技战术、心理品质等方面的发挥情况,与前几场比赛比较,要认真分析问题产生的原因,找出改进的方法及措施。总结内容应是常规性的,是对今后训练具有指导意义的重大因素。

(二)总结的主要内容

(1)总结比赛与赛前方案的制定和贯彻情况。

(2)总结上场队员作风、心理状态水平,以及技术战术运用情况。

(3)总结临场指挥是否得当。

(4)分析各论次阵容配备和战术发挥水平,调整和巩固阵容配备,改进和补充新的战术设计。

(5)总结本队与主要对手间比赛、技术运用的差距和成功之处。

(6)通过技术统计,总结分析赛中技术战术运用情况,并提出研究报告和今后改进训练的意见。

(7)总结后勤工作、替补队员工作、医生工作和思想工作等。

教练员在总结的基础上,对比赛和训练表现好的队员进行表扬,同时善意地提出个别队员在比赛中的不足,促进今后的训练。

第六章　排球运动员的体能训练

第一节　体能训练概述

一、体能训练的意义

排球运动员的运动水平是由其竞技能力所决定的,是运动员技术、战术、体能、智能和心理能力的综合表现。体能即身体能力,是运动员在训练和比赛中专项身体素质、机体机能水平和身体形态特征的综合体现。在竞技能力的四大因素中,体能是最基础的因素。良好的体能不仅是提高技、战术水平的重要保证,还是取得优异运动成绩的重要途径。因此,体能训练在现代排球训练中占有重要地位。现代排球高强度的比赛,对运动员的体能水平提出了更高要求。

排球运动员的体能训练应采用多种多样的训练方法和手段。全面发展与提高专项身体素质,提高各系统机能的能力,改善身体形态,不仅使运动员能承受大负荷训练,有效防治伤病,还能使其竞技状态始终维持在较高的水平上,因此,运动员体能的水平越来越成为决定运动成绩的重要因素,体能训练的重要性越来越突出。

二、体能训练的内容

体能训练要根据排球运动的竞技特征,采用专门的训练方法与手段来发展同排球运动竞技能力直接相关的专项身体素质、机体机能能力,并在体能训练过程中改变身体形态。因各种运动的训练方法与手段均可以用来改变排球运动员的身体形态和改善与提高机体机能能力,因此,本章在讨论排球运动员身体形态、机能特征及其测试内容与标准的基础上,着重阐述排球运动员专项身体素质训练。其内容主要有:

力量——腰、腹力量,腿、踝部力量,手臂、手指、手腕力量。
速度——反应速度、移动速度、起跳速度、挥臂速度等。
弹跳力——原地弹跳力、助跑弹跳力、连续弹跳力等。
耐力——移动耐力、弹跳耐力、速度耐力、比赛耐力等。
灵活性——腿、手、腰、腹的协调配合能力及场上的灵活应变能力。
柔韧性——肩、髋、膝、踝、腕等关节的活动范围等。

三、体能训练的生理学依据

为使体能训练取得良好效果,在选择方法和手段时,教练员除了运用各种运动训练方法与手段之外,必须考虑现代排球竞赛对运动员体能的要求,而这种要求必须符合运动生理学原理。从能量代谢的角度看,人体工作时的能量来自于三个供能系统:一是无氧非乳酸供能系统,它可使肌肉活动在较高的水平支持5～10秒,如100米短跑;二是无氧乳酸供能系统,工作时间在20～30秒,有时持续1～2分钟,如400米跑项目;三是氧供能系统,即在氧气充分供应的情况下提供能量,工作时间往往在2～3分钟或更长,如长距离的运动项目,有氧供能是基础。

排球比赛属间歇运动形式,即短时间爆发式的身体运动被短暂的间歇休息分隔开。短时间、爆发式的扣球、拦网主要是无氧非乳酸系统供能。而短促的动作重复,或连续的多回合争夺,则是无氧乳酸系统功能占据主导地位。从这个角度来看,排球运动主要取决于无氧供能系统,但从排球比赛无时间限制、势均力敌的比赛时间可达两小时以上这点看,提高有氧供能能力同样不能忽视。

由此可见,三套供能系统构成了排球运动员身体活动功能的结构体系。排球运动员的体能训练都应围绕这三套功能系统展开。

四、体能训练的基本要求

(一)全面性

排球运动需要进行全面的体能训练。身体形态、身体机能和身体素质之间彼此联系,相互依存,相互促进,因此在体能训练计划中要予以全面安排。

(二)科学性

一般来说,青少年运动员体能训练的比重要大些,成年运动员可相应小些。训练的不同阶段,体能训练的比重也应不同,如冬训时体能训练就应多一些。训练的不同阶段对体能训练的侧重也不同,如青少年多进行全面训练,赛前阶段坚持力量训练等。

(三)针对性

教练员在进行体能训练时,要善于发现和掌握运动员的个体差异,并采取有针对性的训练手段与方法,不加区别地采用统一的训练手段与方法,难以取得好的训练效果,因此在体能训练中要注意因人而异,区别对待。

(四)多样化

单调的训练方法会使训练乏味。对于同一训练内容,教练员也要不断变换训练手段与方法,提出不同要求,如采用竞赛、游戏、测验、评比等方法,激发运动员的训练欲望,使运动员在情绪高、兴趣浓、兴奋性强的情况下进行训练,才能收到良好的训练效果。

(五)处理好与技、战术训练的关系

体能训练与技战术训练,既不是互相对立的,也不是可以相互替代的。体能训练是整个运动训练中不可缺少的组成部分。体能训练的内容、手段和方法,应紧密结合排球技、战术的要求,使体能训练有效地满足技、战术训练的要求。

(六)合理的训练时间和运动负荷

运动员在大脑皮质处于良性兴奋和精力充沛的状态下进行体能训练效果最好,也不容易受伤。同时,运动负荷安排要合理,既要有一定的强度和密度,又要科学地掌握间歇和休息。

五、动力链与动作效率

"动力链"概念源于工业制造学,后被引入医学和运动训练领域。一般认为,动力链是指由参与完成某一动作的组织结构按一定顺序排列而成的链条式结构,一条完整的动力链由肌肉链、关节链和神经肌肉链三种次级结构构成。肌肉链由若干肌肉单位和肌肉群组成,是人体运动的发动机,涉及肌力的产生与传递。关节链是由骨连接组成并通过神经肌肉系统支配不断调整姿态与动力的装置,负责维持身体姿态。关节链的基础性骨连接包括脊柱、骨盆、肩胛骨,因为它们是连接人体的关键骨连接及多群组肌肉的共同附着点,可以说是连动全身的装置(图6-1)。神经链是神经系统的信息通道和调节路径,是由刺激信息、传递路径、处理与反馈装置等组成的环路。神经链的主要功能是促进运动协调。肌肉链、关节链和神经肌肉链三者相互配合,形成人体由简单到复杂的各种运动:肌肉链在神经链的控制和调节下收缩舒张,带动关节链产生机械运动而完成目标动作。

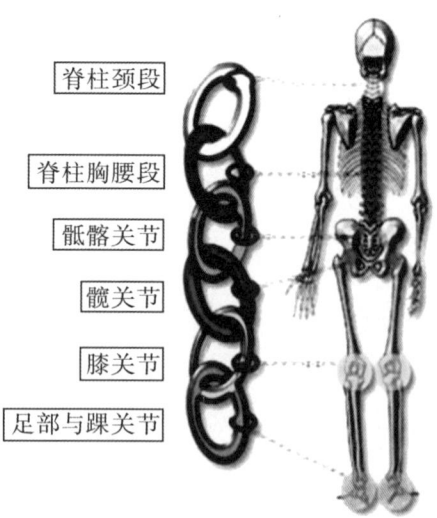

图 6-1　人体动力链

运动训练实践一向非常重视动力链系统的做功效率,经典的举重拉铃、高翻、挺举等抗阻式力量练习都是开发人体动力链功能的重要训练手段。实践证明,躯干核心区的动作准备水平对人体运动时的动作效率影响很大。教练员通过躯干核心区力量训练来提高运动员肩关节、脊柱、髋关节的稳定性,能够减少能量的泄露,进而提高动作效率。因为人体各个环节的运动是互相连接的,任何一个环节的运动都会影响其他一个甚至几个环节的状态,动力链的运转过程实际上就是能量传递的过程。教练员在规划排球运动员的体能训练时,应自觉地遵循动力链的基本原理,从系统角度考虑训练方法、手段的组合,促进排球运动员动作效率的提高。

第二节　力量训练

力量是指肌肉工作时克服阻力的能力。从生理学角度讲,它是运动员肌肉收缩程度的反应。

人体所有的活动都是对抗阻力产生的,体育运动较之日常活动要对抗更强的阻力,因此,力量是决定运动水平的重要因素。排球运动所需要的弹跳力、速度、爆发力以及耐力都是以力量为基础的,排球运动员应特别重视力量训练,高水平的力量能力对提高技术水平具有极其重要的意义。

排球运动员需要发展的力量包括一般力量、爆发力和力量耐力三种。一般力量是爆发力和力量耐力的基础,发展一般力量宜采用大负荷、少次数、多组次的训练方法。

爆发力又称速度力量,它是在尽可能短的时间内发挥出尽可能大的力量的能力。发展爆发力通常有两种方法:一是用接近极限的负荷但重复较少次数的练习方法,另一种是小负荷但运动速度较快的练习方法。

力量耐力是指在一段时间内反复承受某一种某一负荷的能力。它对在长时间的比赛中保持良好的体能、取得好的比赛成绩,以及坚持较长时间的训练都有重要的意义,通常采用负荷小而重复次数多的练习方法来发展力量耐力。

一、影响力量的因素

(一)肌肉的生理横断面

横断面越大的肌肉,力量也越大。肌肉横断面增大是由于训练引起的肌纤维变粗。排球运动员的下肢需要较大的绝对力量或相对力量,因此,下肢肌肉需要较大的横断面。

(二)神经系统的协训能力

参加工作的主动肌、协同肌及对抗肌的协训能力,主要依靠意神经系统来训节。除了肉间的协训关系外,主动肌本身的"内协训能力"对力量也有较大影响。所谓"内协训能力",就是肌肉收缩时"运动单位"参加工作的能力。这在很大程度上取决于训练水平。据研究,训练水平高的运动员可动员80%～90%的"运动单位"参加工作,而一般人只能动员40%左右。

（三）骨杠杆的机械率

它取决于肌肉群的牵拉角度、每个杠杆阻力臂和动力臂的相对长度。合理的机械率是由各部分肌肉协训用力和正确的技术动作来体现的。

（四）肌纤维类型

肌纤维类型和所占比例对力量的影响也比较大。白肌纤维收缩速度快、张力大,是力量素质的主要因素。白肌纤维占的比例越大,肌肉的力量,特别是爆发力就越强。排球运动属于技术性项目,对于肌纤维比例的要求不像某些田径项目那样严格。据测定,排球运动员白肌、红肌纤维所占比例各半。

（五）内脏器官机能

有氧代谢能力与力量耐力也有着密切的关系。

二、力量训练基本方法

肌肉收缩时有四种基本形式,即向心的克制性收缩、离心的退让性收缩、等动收缩和等长收缩。前三种形式可归为动力性工作,等长收缩属静力性工作。

根据肌肉收缩的形式,力量训练方法可分为动力性力量训练、静力性力量训练、超等长训练和等动训练等。

（一）动力性力量训练

动力性力量训练又称等张训练。肌体在等张收缩时所产生的力量使肢体产生位移,从而使人体或器械产生加速运动。肌肉以这种形式工作时,一般是做向心收缩的工作,长度缩短,在工作的过程中,随着活动肢体关节的改变,肌肉在短过程中的张力也发生变化。

动力性力量练习有两种主要类型:一种是大负荷、少次数,主要用于发展一般力量和爆发力;一种是小负荷、多次数,主要用于发展力量耐力。

（二）静力性力量训练

静力性力量训练又称等长训练。肌肉在对抗固定阻力时产生的力量维持和固定肢体于一定的位置和姿势,不产生明显的位移和运动。负重半蹲是排球运动员常用的静力性力量训练方法。

（三）超等长训练

超等长训练是一种能使肌肉产生牵张反射的力量训练方法。它是发展爆发力很好的训练方法，最典型的方法就是"跳深"练习。

（四）等动训练

等动训练是指在整个关节活动范围内，肌肉群始终以最大张力收缩，保持恒定的速练方法。它需要专门的器材才能进行，如等动练习器等。

三、力量训练的要求

（一）不断提高刺激强度

肌肉对于外界的刺激，会产生或引发新的反应。一定强度的刺激，引起一定的生理反应。大强度或极限强度的刺激，可以使肌肉产生大强度或极限强度的生理适应。力量训练如果不逐步达到大的或极限的强度，训练的效果就比较差。

发展肌肉力量的生理过程是：刺激—反应—适应—增加刺激—反应—再适应—增长力量。

从发展力量的生理过程可以看出，进行肌肉抗阻力的训练，可以增长肌肉的力量。如果阻力施加得合理（达到极限或较大强度），力量的增长就比较快。而增长了力量的肌肉，必须再增加更大的刺激，力量才能得到继续增长。所以，发展力量要遵循极限负荷与逐步增加刺激强度原则。

（二）力量训练要有专项特点

对力量训练是否具有专项化特点的问题，各方曾有过激烈的争论。尽管两种方法都有效，迄今科学论据还是强烈地倾向于支持力量训练专门化的理论。持力量训练专门化观点的学者认为，力量训练应在运动解剖形式、肌肉收缩速度、肌肉收缩类型和收缩力量上尽可能地模拟实际从事的运动动作。有人甚至认为，力量训练在很大程度上是技巧的产物。有实验证明，训练效应甚至在训练时的关节角度上也存在着专门化。既然在简单的动作中也存在着动作形式的特异性（即专门化），那么，在许多运动项目更为复杂的动作中，这种特异性将更为显著。因此，排球运动员进行力量训练时，一定要选择与专项技术相结合的动作方法，并力求动作结构、动作速度等方面与专项动作相同。

（三）遵循力量练习安排的顺序

力量训练中，因为小肌肉群比大肌肉群容易疲劳，为了保证大肌肉群的大负荷，必须在小肌肉群出现疲劳前，使大肌肉群受到训练。例如，以负重蹲起训练腿部力量，达到相当重量或次数时，想要重点训练的股四头肌还没有达到疲劳程度，腰背较小的肌肉已经不能坚持训练。所以训练时，教练员应注意采用适当方式避免这种现象产生，比如，可以先采用其他训练方法让股四头肌产生一定程度疲劳之后，再进行负重蹲起训练，如此使股四头肌先达到所需要的疲劳程度，或与其他肌肉同步疲劳，从而得到最大限度的锻炼。同时，教练员还必须考虑在相继的练习中不要使用同一肌群工作，以保证肌肉工作后有足够的恢复时间。

（四）力量训练应以动力性练习为主

训练实践中，主要采用的是动力性练习的方法。肌肉处于动力性状态下进行训练，力量可以得到很大的发展。

静力练习曾经被认为是提高最大力量的有效手段，但是，现代训练理论认为，力量训练最显著的特点是与专项动作及素质特点相结合。静力练习可以有选择地训练某一机群，可作为康复的一种手段，并且不需要复杂的器材等。

等动练习可使运动员动作的任何阶段都表现出极限或接近极限的力量，可以达到其他负重练习达不到的效果。但它目前并未在排球运动员力量素质训练中得到广泛运用，其主要原因是尚无适合于排球运动员使用的专门器材。

四、力量训练应注意的问题

（一）力量增长与消退的规律

据研究，每天都进行 1 次力量训练，可以取得 100％的效果；5 天及隔时间较长的训练，效果就会减少；14 天以上进行一次力量训练，基本上没有效果。由此，每周进行 2～3 次力量训练是必要的。科学实验表明：每天训练 1 次，20 周时达到 100％的效果；在停止训练后的 30 周，力量即降到初始水平。每周训练 1 次，50 周的训练，效果只能达到 75％，但若 60 周不练，还能保持 60％的效果。因此，短期进行突击力量训练，可以收到较好的效果，但消退也很快。细水长流地练，效果虽不是很显著，但消退也慢。力量增长与消退的规律，为安排训练提供了依据。

（二）遵循青少年生理特点

少年时期的力量训练要十分谨慎的，要重视其年龄特点。8～13 岁，发展全身各部位一般力量时多用动力性练习，多用负荷为自身体重的练习。这个时期主要通过肌肉组织的内协调来增加力量，不应该出现肌肉组织的肥大。男少年 13～15 岁是性发育的第一阶段，身高明显增加，采用对脊柱有负荷的力量练习时应特别小心。此时应采用轻器械的负重练习，如哑铃、轻杠铃等。这个时期可以通过增大肌肉体积和肌肉内协调两种途径来增长力量。16～18 岁可以承担最大的力量负荷。在整个少年阶段进行力量训练时，教练员都要考虑到少年骨化过程尚未完成的特点，同时还要特别注意区别对待。

（三）力量练习与局部力量练习相结合

安排力量训练应注意整体力量练习与局部力量练习相结合，发展大肌肉群力量练习与发展小肌肉群力量练习相结合，使身体各部分力量匀称发展，同时防止由于局部负担过重引起伤害事故。

（四）杠铃练习

杠铃练习是发展力量的有效手段,但单一的杠铃练习还不能满足排球运动员需向各方向跳跃的要求。因此,运动员在进行杠铃练习时还须辅以其他一些练习,如在练习的间歇中进行快速的小步跑、高抬腿跑、短距离的冲刺、原地或助跑的单双脚跳、跳绳、多级蛙跳等,也可以采用循环训练法将这些练习与各种杠铃练习组合在一起。这样,既可以防止肌肉的僵化,提高肌肉的弹性,又可以发展运动员的协调性和灵活性。

（五）做好准备活动

进行力量训练前要做好准备活动,练习任务要明确,要求运动员精力集中、动作正确,注意不在身体疲劳时安排力量练习,进行大负荷练习时要加强保护。

五、力量练习方法介绍

（一）发展腰部肌肉群力量的方法

(1)仰卧起坐:徒手,负重（沙袋、杠铃片、实心球）等。
(2)仰卧举腿:无负重,负重（绑沙袋、双脚夹实心球）等。
(3)斜板仰卧起坐:徒手、负重。
(4)单杠或肋木悬垂举腿。
(5)俯卧体后屈（另一人扶脚）。
(6)杠铃提铃。
(7)肩负杠铃、两腿开立,体前屈。
(8)双手持重物（杠铃片、哑铃等）腰绕环。

（二）发展下肢肌肉群力量的方法

(1)杠铃负重蹲起:半蹲、全蹲。
(2)杠铃负重半蹲静力训练（极限负荷）。
(3)杠铃负重半蹲接提踵（大负荷以上）。
(4)杠铃负重半蹲快速提踵（小负荷）。
(5)壶铃深蹲跳。
(6)负杠铃弓箭步行走。
(7)负杠铃左右交替台阶快速上下（小负荷）。
(8)矮子步行走:要求双手摸脚后跟,行走距离视能力的提高而逐渐增加。

（三）发展手臂肌肉群力量的方法

(1)俯卧撑或俯卧撑击掌。

(2)手倒立(靠墙或不靠墙)。

(3)手倒立推起。

(4)手倒立行走。

(5)双人推小车,正反向。

(6)两人一组,面对面做头上抛实心球(单手、双手)。

(7)哑铃或轻杠铃片练习:起跳摆臂、快速挺举、连续快速推举、臂绕环、侧举、前平举加扩胸、肩后臂屈伸、仰卧扩胸、俯卧扩胸、前屈臂。

(8)轻杠铃练习:连续快速挺举(前方、上方、斜上方)、连续快速推举(前方、上方、斜上方、站立(坐姿)头后推举。

(9)卧推(渐增负荷至极限)。

(10)挺举(渐增负荷至极限)。

(四)发展手指、手腕肌肉力量练习

(1)负重(杠铃、哑铃)腕屈伸。

(2)手持哑铃腕绕环。

(3)头上双手或单手手腕用力掷实心球。

(4)手指俯卧撑。

六、弹跳力训练

(一)弹跳力的含义及重要性

弹跳力是指运动员的跳跃能力,是运动员速度、力量、协调能力的综合表现。

从力学的观点看,决定弹跳力的因素是速度和力量。发展速度素质或力量素质都能有效地提高运动员的弹跳力。

弹跳力是排球运动员最重要的身体素质。提高排球运动员的弹跳力对于提高技、战术水平起着决定性的作用。随着排球运动的发展,网上争夺越来越激烈,对抗的空间范围日益扩大,参与进攻的人员也日益增多。同时,由于防守、保护、二传和调整能力的提高,连续扣球、拦网的次数增多,以及快攻战术的发展和变化,这都对排球运动员的弹跳力提出了越来越高的要求。所以,弹跳力是排球运动员必须具备的特殊的身体素质,它不仅要求跳得高,而且要求跳得快,同时要求必须具备良好的弹跳耐力。

(二)弹力训练的要求

1.重视身体的协调能力和起跳技术

弹跳力虽以力量、速度为主要素质基础,但身体的协调能力和起跳技术也不容忽视。常见有速度、力量指标都不低的运动员,弹跳力水平却不高,其原因多在协训能力和起跳技术方面。运动员起跳时要特别注意摆臂和下肢各技术环节的配合。在跳跃动作练习和技术练习中,教练员应仔细观察每个队员起跳各技术环节并及时纠正错误动作。

2. 不同训练阶段的侧重有所不同

在多年训练的基础训练阶段,发展弹跳力的力量素质训练应重视数量刺激,以促使运动员增大肌肉,发展力量;在专项提高阶段,则应重视强度刺激,以促使肌肉质量的提高,达到提高弹跳力的目的。

3. 结合专项技术动作结构特点

弹跳力训练具有专门化的特点,因此,做负重蹲起时,动作结构与动作要求都应与专项运动技术的跳跃动作相同或接近。有研究表明,如果力量训练的动作结构与专项技术动作结构及练习要求有较大差异,训练效果就会下降,甚至出现消极转移现象。

4. 重视腰背肌肉及足弓肌群的训练

发展弹跳力不仅应重视下肢力量的训练,还要特别重视腰背肌及足弓肌群的训练。腰背肌群的用力对克服人体的惰性,提高起跳的初速度有重要的作用。足弓发力在起跳离地前的瞬间,人体已经获得一定的加速度,此时足弓的推力会更加加快起跳的速度,使人不仅跳得高,而且跳得快。

(三)弹跳力训练应注意的问题

1. 弹跳力训练要有多年规划和全年计划

全年计划要安排好每一阶段训练的重点。一般情况下,冬训期间弹跳力训练比重要大些,而且多采用力量素质练习的训练方法;比赛期间弹跳训练的比重可减少,并大多采用与技、战术密切结合的练习方法。

2. "轻重量刺激"

青少年采用"轻重量刺激"(一般的负荷)就可增加弹跳力,但具有一定训练水平的运动员,则必须采用"强度刺激"(增加负荷与训练强度),不断提高和改变刺激强度。

3. 发展展伸肌力量

要大力发展伸膝肌群、屈足肌群和腰背伸肌、伸髋肌群的力量,同时还要注意全身爆发力和协同性的训练。

4. 抓住力量"敏感期"

青少年时期是发展弹跳力的敏感期,应抓紧在此时期内进行具有针对性的训练。

5. 注重"跳深"训练

运动训练实践证明,"跳深"训练是发展弹跳力最有效的方法之一。

6. 预防运动损伤

进行弹跳力素质训练,要避免在过硬的场地上上(如水泥地、石板地面)进行,以防止造成运动员的慢性损伤。

(四)弹跳力练习方法介绍

1. 各种徒手跳跃

(1)单足交替向前跨跳。

(2)原地跳起收腹。

(3)立定跳远或多级跳远。

(4)连续蛙跳。

(5)助跑起跳摸篮圈或篮板。

(6)原地直膝向上连续跳。

2.利用各种场地器材的跳跃练习

(1)双脚跳越体操凳前进。

(2)双脚连续跳过栏架。

(3)连续跳台跳深练习。

(4)利用由低到高的橡皮筋连续向上跳。

(5)地上画线的各种交叉、转体跳。

(6)跳绳(单足跳、双足跳、双摇跳等)。

(五)快速伸缩复合训练

1.快速伸缩复合训练的概念

快速伸缩复合训练是一种快速、高功率的运动;在运动中,预先拉伸肌肉并激活肌肉的"拉伸—收缩循环",从而产生强大的向心收缩。快速拉伸后进行快速收缩(plyometric movement)是一种本能的普遍的运动方式。最早的有关快速伸缩复合训练的概念由前苏联运动生物力学家 Verkhoshanski 于1969年总结并提出,后被介绍到美国,被称之为震荡训练或冲击样训练(Shock Training)。

2.快速伸缩复合训练注意以下特点

快速伸缩复合训练的方法多种多样,但运动员在完成动作时必须注意动作要快速和连贯,不过于追求"高度",跳深落下的高度在某种程度上等于杠铃的重量,过高的高度延长了踏跳的时间、破坏了过程的流畅,且易发生损伤。

在进行快速伸缩复合训练前,教练员必须对运动员进行必要的评价,包括训练前的水平、最低的身体素质要求、基本的速度和力量基础、运动员的身材和体重,包括运动员的成熟程度、可训练性、项目的要求、身体素质水平等。

快速伸缩复合训练必须遵循循序渐进的原则,从低强度到高强度;练习的形式,从简单到复杂。快速伸缩复合训练不是一般的身体训练,而是速度力量和爆发力训练,训练必以最大努力完成,否则没有效果。

以最快速度完成动作,获得强大的收缩力量和收缩速度。完成动作的速度减慢或终止,拉伸过程中积累的弹性能量就会消散或减弱。

3.快速伸缩复合训练方法

(1)多边形跳跃

初始动作:正向站于由栏架摆放的规则图形内,身体保持正直。

动作要求:按照既定路线进行跳进跳出,身体始终面朝一个方向;膝盖微屈缓冲落地;背向、侧向跳跃时注意身体姿态的保持与控制。教练员可改变栏架高度、起跳节奏路线等增减难度。

练习目的：下肢快速伸缩复合能力；提高神经控制肌肉能力。

(2) 落下伸展跳

初始动作：站立在跳深凳上，单腿缓慢踏下。

动作要求：下落过程中呈滚筒式落地，主动缓冲，手臂制动；下肢爆发用力迅速蹬地、摆臂向前上方跳跃，稳定落地，落地—起跳阶段转换迅速，形成拉长—缩短循环周期。教练员可变换不同跳深凳高度来增减训练难度。

练习目的：神经肌肉的协调配合能力；下肢爆发力。

(3) 跳深凳剪步跳

初始动作：左侧屈髋屈膝，呈90°踏上跳深凳，右腿支撑，双臂在身体两侧制动。

动作要求：双腿爆发用力蹬伸，摆臂迅速，高高跃起，在空中冲剪刀步伐交换，滚筒式落地；交换跳跃；循环往复；髋关节、膝关节保持中立位；落地—起跳阶段转换迅速，形成拉长—缩短循环周期。教练员可变换不同跳深凳高度及动作节奏来增减训练难度。

练习目的：基础爆发力训练方法；整体协调配合能力；神经控制肌肉能力；下肢爆发力与离心收缩能力；保持姿态能力。

(4) 跳深凳侧向剪步跳

初始动作：右腿屈髋屈膝，呈90°侧向踏上跳深凳，左腿支撑，双臂在身体两侧自然摆动。

动作要求：双腿爆发用力蹬伸，摆臂迅速，高高跃起，在空中冲剪刀步伐交换，滚筒式落地；交换跳跃；循环往复；髋关节、膝关节保持中立位；落地—起跳阶段转换迅速，形成拉长—缩短循环周期。教练员可变换不同跳深凳高度及动作节奏来增减训练难度。

练习目的：基础爆发力训练方法；整体协调配合能力；神经控制肌肉能力；下肢爆发力与离心收缩能力；保持姿态能力。

(5) 连续跳跃

初始动作：站在跳深凳上。

动作要求：起跳，双脚缓冲落地至两跳深凳中间位置，双脚呈滚筒式落地，手臂制动；下肢爆发用力迅速蹬地、摆臂向前上方跳跃，跳过前方跳深凳，稳定落地；落地—起跳阶段转换迅速，形成拉长—缩短循环周期。教练员可变换不同跳深凳高度来增减训练难度。

练习目的：神经肌肉的协调配合能力；下肢爆发力；跳跃的空间感知能力。

第三节　速度训练

一、速度的含义及种类

速度是指单位时间内完成某个动作或移动某段距离的能力。排球比赛是以适应迅速运动着的对手和飞速运动的球为特点的，因而，速度是排球运动员体能的重要方面。

排球运动员的速度可分为反应速度、动作速度和移动速度。判断场上变化情况，观察球的运行,需要反应速度;完成击球动作需要动作速度;抢占有利位置或争取最佳空间需要移动速度。由此可见,速度对排球运动员之重要。

(一)反应速度

排球运动员的反应速度是对排球场上由于双方队员行动的变化和球飞行的位置、速度的变化所产生的迅速的应答能力。这种能力通常以"综合反应时"来反映。

反应速度具有先天的因素,通过训练加以提高是有限的,而且有随年龄增长而减慢的趋势。由于排球运动信号感十分强烈,对反应速度要求很高,故应早期加强训练。

(二)动作速度

在排球场上完成各种击球动作的速度就是动作速度。

动作速度主要是克服运动员本身体重,阻力比较小,所需力量也比较小,主要是肌肉间的协训能力起作用。

排球运动对运动员的动作速度要求很高。据测定,男子扣球速度最快已超过30米/秒,女子已超过20米/秒,没有相应的挥臂速度是达不到这么快的扣球速度的。

(三)移动速度

单位时间内身体移动的距离就是移动速度。在排球场上,它由移动和扣、拦、助跑等的速度表现出来。

移动速度的快慢除了取决于协调性之外,还与克服较大身体惯性的能力有关。比如,运动员从静止状态到迅速移动,或从移动到静止状态。

二、影响速度的主要因素

(一)神经过程的灵活性

运动神经中枢兴奋与抑制的转换速度,即神经过程的灵活性。身体运动是靠肌肉的收缩与舒张实现的,而肌肉是由神经支配的。因此,神经过程的灵活性好,反应速度就快;反之,反应速度就慢。

(二)肌肉的类型和肌肉活动的协调性

生理学研究表明,白肌纤维成分较多的人适宜于速度性项目,这是由白肌纤维的生理、生化特点(如ATP的含量及其分解与再合成的速度、神经冲动的传导速度等)决定的。肌肉各肌群之间协调性的改善可以提高活动速度,因为肌群的协调配合使肌群之间的阻力减小,从而提高肌肉活动的速度。关节的灵活性、对抗肌的拉长能力也有助于速度素质的提高。

（三）与爆发力的关系密切

力量、灵敏，尤其是爆发力的水平与速度密切相关。发展这些素质才能有效提高速度素质水平。

三、速度训练的要求

（一）改善中枢神经系统的反应能力

中枢神经的反应能力主要表现在反应速度上。而反应速度实际上是人体神经系统反射通路传导时间长短的体现，是人体神经系统受遗传决定的、所固有的生理过程。训练的作用是要把受遗传因素影响所决定的最高反应速度表现出来，并使其有较高的稳定性。排球场上的许多运动反应实际上是运动条件反射，通过训练建立的运动条件反射越多越巩固，运动员表现的反应就越快。

（二）要与专项技术训练紧密结合

排球场上的速度有特殊的表现形式，信号感强烈，以短距离为主，且多变化。速度训练的手段与专项技术相结合，则更能使速度发挥于技术之中。

（三）重视练习的强度和增强肌肉力量

运动员在完成速度练习时，要最大限度地动员自己的力量，使动作的频率快、幅度大，达到自己最高的速度水平。因此，采用大的、接近极限的强度，尤其是提高爆发力来提高肌肉快速收缩的能力，对发展速度有很好的效果。

（四）改善肌肉群之间的协调配合

改善协同肌与对抗肌之间的协调配合，以提高动作之间的协调性。运动员应加强各种动作的辅助练习，培养动作过程中的放松能力。

四、速度训练应注意的问题

（一）经常性

由于速度素质的提高较慢，所以其训练要保持经常性。

（二）在课前半部

速度训练应安排在课的前半部，在运动员精力充沛的情况下进行，这时中枢神经系统处于良性兴奋状态，进行速度训练效果最好。

(三)密切结合专项特点

速度素质的训练应尽可能与排球场地和专项技术相结合。速度训练的专门练习可以帮助运动员建立起专项条件反射,从而提高其反应速度。

(四)抓住速度"敏感期"

教练员在进行训练时要注意运动员的年龄和性别差异,对青少年运动员要抓住速度素质发展的"敏感期",大力发展速度素质。

五、速度练习方法介绍

(一)反应速度练习

(1)全队分成两队面对站立,相距 1 米左右,看教练员手势做追逐跑。

(2)以站、坐、跪、卧姿准备,看教练员手势向各个方向起跑。

(3)躲避球击:全队分成两队,一队站在半场内,另一队站在半场外,场外队员用一球(或多球)抛击场内队员,场内队员躲避,被击中者出场或加入场外队,直至全部被击中。

(4)冲刺接球:教练员单手将球高举,队员在离教练员 3 米处准备。当教练员撒手让球掉下时,队员冲出在球落地之前将球接住。

(5)垫墙上反弹球:队员面对墙 2~3 米站立做好准备,教练员从队员身后向墙上扔球,要求队员将反弹回的球垫起。教练员扔球的角度与速度要根据运动员的反应能力而定,并掌握好练习的难度。

(6)队员背对墙站立,对墙抛球后迅速转身将反弹的球垫起。

(7)移动截球:教练员在网前站立,队员在半场中间准备,教练员向各位置抛球,要求运动员迅速判断移动,在球未出半场或落地之前将球截获。

(8)两人隔网相对,一人做各种快速徒手移动及拦网动作,另一人力争同步跟随。

(二)动作速度练习

(1)快速挥臂以扣球动作抽打树叶,树叶应在扣球手臂前上方最高处,抽打时肩部向上伸展。

(2)两人一组,相距 10 米以上,相互单手肩上掷排球,要求以挥臂扣球动作掷球,并且使球出手后近似平行飞行。

(3)距墙 10 米左右,单手肩上掷排球,要求以臂扣球动作掷出。

(4)两人一组,相距 5~6 米,单手掷实心球。

(5)原地对墙用扣球动作甩垒球。

(6)助跑起跳向网上甩垒球。

(7)连续跳 3 个不同高度的栏架,要求脚落地后立即跳起,节奏感要强。

(8)连续跳台跳深练习:8~10 个跳台,高 50~120 厘米,按照中间高两头低的顺序排列,距离 1.5～2 米,从第一个跳台跳下,着地后立即反弹跳上下一个跳台,连续跳完。

(三)移动速度练习

(1)在中线与进攻线之间做 3 米快速往返移动(侧向或前后)。
(2)"米"字形快速往返移动。
(3)结合球场移动步法练习:快速小步跑、快速交叉步跑、快速高抬腿跑、侧滑步跑、后退跑、各种移动方法的组合练习等。
(4)向前或向两侧连续做滚翻、鱼跃、前扑救球动作,或结合视、听信号做以上动作的组合练习。
(5)排球半场对角线冲刺。

第四节　耐力训练

一、耐力的含义及重要性

耐力是指人体不降低工作效率而长时间进行运动的能力,也是机体抵抗工作疲劳的能力。

排球运动是以有氧耐力为基础,以无氧耐力为主导的一种竞技体育项目。排球运动员耐力水平的高低,对运动成绩具有很大的影响。

排球比赛不受时间限制,一场势均力敌的比赛常常需要两个小时,耐力的好坏可以直接影响运动员技术水平的充分发挥及比赛的结果。因此,排球运动员的耐力训练是很重要的。

二、耐力训练的特点

(一)耐力提高得快,消退得也快

经常性地有计划地进行耐力训练,短期内即可取得较好的效果。如果停止训练 3 周,就会下降到原来的水平。故排球运动员除日常正常训练之外,每周应进行 1～2 次专门的耐力训练。

(二)耐力训练要从少年开始

排球运动员所需的耐力以有氧耐力为基础,从少年时期适当地进行有氧耐力训练,有助于提高运动员的心脏容积、最大吸氧量和恢复能力。这些因素也是健康机体的标志,因此,打好耐力训练的基础对提高专项运动成绩与机体健康都是十分必要的。

（三）排球运动员的专项耐力

排球运动员的专项耐力有弹跳耐力、速度耐力、移动耐力和比赛耐力。

三、耐力训练应注意的问题

（一）做为基础素质训练

在全年训练计划中，耐力应作为一个基础素质来安排。一般在冬训或一年训练之初安排一般耐力训练，作为全面训练的基础。赛前应减少一般耐力训练，增加专项耐力训练。

（二）注重专项耐力训练

大强度的耐力训练可单独安排训练课进行或者放在训练课的最后部分，训练课中宜安排一些强度较小的专项耐力训练。

（三）结合专项技术训练

各种技、战术训练和身体训练只要安排得当，都可以提高耐力，在技术训练中采用极限训练法、间歇训练法、循环训练法都能有效地促进耐力的提高。

四、耐力练习方法介绍

（一）发展弹跳耐力的方法

(1)用绝对弹跳80%的高度连续跳20～30次为一组，跳若干组(组间休息2～3分钟)。

(2)5分钟跳绳练习：双脚跳30秒，左脚单跳1分钟，右脚单跳1分钟，完成两个循环正好5分钟(可根据训练水平调整负荷)。

(3)原地起跳单或双手摸高。

(4)连续扣球：3～5人一组，每人扣球30～50次。

（二）发展速度耐力的方法

(1)400米跑：要求运动员在规定的时间跑完400米，歇1分钟后再跑1次，共跑2～3次。

(2)30米冲刺：10次，每次间歇15～20秒。

(3)60米冲刺：10次，每次间歇30秒。

(4)3或5人一组，连续滚翻救球，每人30～50次。

（三）发展移动耐力的方法

(1) 看教练员手势向各个方向移动，2～3分钟为一组。
(2) 单人左右移动拦网各10次。
(3) 单人全场防守，要求防起15个好球为一组。
(4) 30秒3米左右移动5～8组。

（四）发展比赛耐力的方法

(1) 连续比赛7～10局。
(2) 连续不间断的对攻训练5～10分钟。
(3) 身体训练以后再进行比赛。
(4) 按场上顺序轮转，在6个位置上做6个不同的规定动作，连续进行若干组。例如，1号位跳发球——→6号位左右补位移动救球——→5号位滚翻防守救球——→4号位扣球——→3号位拦网——→2号位后撒鱼跃救球。

第五节 灵活性

一、灵活性的含义及重要性

灵活性是迅速及时地改变身体或身体某部分运动速度和运动方向的能力。灵活性是运动员照自己的意志控制机体协调准确地完成各种复杂技巧的协调能力的体现，因而，协调能力是灵活性的核心，灵活性与协调能力互为表里。

灵活性是由力量、速度、爆发力和协训能力结合而成的。排球比赛中快速变换方向、从一个动作迅速变换为另一个动作等技、战术的运用，都需要有高度的灵活性及协调能力。灵活性的好坏也决定了一名运动员的技术水平高低。

二、灵活性及协调能力的训练特点

（一）训练结合编组动作完成

灵活性和协调能力是一种综合能力。教练员在训练时应将爆发力、反应力及速度等一系列的动作和要求揉合于单个动作或编组动作之中，使它们互相促进，互为表现形式，达到灵敏协调能力的提高。

（二）在兴奋状态时进行训练

由于灵活性及协调能力受中枢神经系统的支配，因此应在神经系统处于良性兴奋状态时进行训练。疲劳时,训练效果会明显下降。

(三)抓住协调素质"敏感期"

青少年在生长发育阶段,灵活性及协调能力比较差,但不应当放弃训练。教练员要抓住协调素质发展的"敏感期"进行训练。

(四)结合专项技术训练

灵活性及协调能力有很强的专项化特点,因此,教练员应尽可能结合专项技术来进行训练,至少应使选择的各种练习方法尽量接近专项技术动作。

三、灵活性训练应注意的问题

(一)安排在训练课前半部训练

灵活性训练要求运动员注意力集中,动作准确快速。因此,教练员应把灵活性训练安排在训练课的前半部,一般安排在准备活动中进行。

(二)注重腰、腹、背力量训练

腰、腹、背的力量对灵活性起着重要的作用,是上下肢的纽带,因此,教练员在训练中应特别注意这部分力量的专门练习。

(三)根据年龄特点

教练员应根据年龄特点,掌握好灵活性训练的安排。13～14岁以前,通过训练来发展灵活性素质可以取得较好的效果;15～16岁是快速生长期,灵活性增长较慢,到18岁以后灵活性又以稳定的速度增长。根据青少年生理特点,抓住灵活性发展的规律和时机进行训练,可以达到事半功倍的效果。

(四)与其他素质训练结合

灵活性是由多种素质结合而成,教练员在训练灵活性时应注意与其他素质训练结合进行。

四、灵活性练习方法介绍

(一)控制性练习

(1)两臂同时分别向前、后绕环。按教练员口令,两臂做同顺序不同起始节拍的动作,左手前平举,右手在体侧不动—左手上举,右手前平举—左手侧平举,右手上举—左手下放体侧,右手侧平举—左手不动,右手还原。

(2)两脚开立和并拢连续跳跃,双手从体侧平举至头上击掌,最后还原。

(3)分脚跳时,双手头上击掌,并脚跳时双手侧平举。

(4)连续交换单脚跳跃,前踢腿时,双手尽量摸脚尖;后踢腿时,双臂上振,反复进行练习,一条腿前踢落地后换另一条腿后踢。

(二)结合球的练习

(1)持球在地板上,自己向上抛球后立即起立将球接住。

(2)将球用力向地面击打,待其反弹后钻过。反弹1次钻1次,力争钻的次数多。可以两人比赛。

(3)每人1球,连续运球从教练员拍球空当穿过。

(4)向前冲,转身鱼跃(或滚翻)救球,再转身接其他动作。

(5)左、右脚单脚起跳扣球。

(6)连续接教练员扣、吊和扔的球。

(三)通过障碍练习

(1)运动员靠墙手倒立—停稳—听信号返下—转身移动至栏架前钻过栏架—双脚跳回栏架—双脚跳过栏架—绕栏架跑一圈—钻回栏架—双脚跳过栏架—跑去摸标志线。

(2)甲跪撑于地,乙在甲体侧做好准备,看到信号后围绕甲跑1圈,双脚跳过甲身体后立即做跪卧撑,甲再重复乙的动作,如此各做5次。

(3)把皮筋拉成边长2米的正方形,皮筋高度:男子70~80厘米,女子50~60厘米(看运动员情况而定)。运动员站在正方形之内,看信号双脚跳出,落地后立即钻入并用鱼跃或前扑去摸正方形中的标志物。如此按逆时针(或顺时针)方向做一周,计时。

(四)个人练习

运动员分别站于四边形的一边,看信号后按上述方法顺时针方向连续进行,也可以互相追逐。

(五)结合球练习

(1)队员站成圆圈,当球飞来时迅速做规定动作,如收腹跳过、俯卧、仰卧、鱼跃,原地鱼跃及原地向后转身鱼跃等。队员做完规定动作后应立即站好,准备做下个动作。

(2)单人在地上连续做向前鱼跃、向后鱼跃、前空翻等动作,可以再加1个人在其对面做练习,也可以4个人在4个方向做。

(六)垫上练习

(1)前滚翻接后滚翻。

(2)鱼跃前滚翻,跃过1个人、2个人或4个人。

(3)滚翻接跪跳起接后滚翻。
(4)直前滚翻接后滚翻推起成倒立。

(七)游戏性练习

(1)躲避球游戏。
(2)地滚球比赛。
(3)拉网捕鱼游戏。
(4)"贴膏药"游戏。

第六节 柔韧性训练

一、柔韧性的含义及其重要性

柔韧性是指人体的各个关节的活动幅度,肌肉、肌腱和韧带的弹性和伸展能力。柔韧性是由一定的关节或关节联合的活动范围来体现的。因此,连结关节的韧带、肌腱、肌肉以及皮肤的伸展长度和弹性对柔韧性影响极大。

排球比赛中,要求运动员身体各部分的肌肉、韧带和关节都有良好的柔韧性,特别是肩、腰、髋的柔韧性要好。肩、腰的柔韧性好,可以增大扣球的动作幅度,提高挥臂速度,加大击球点的控制范围。髋关节的柔韧性好便于弯腰跨步低姿防守、倒地和起立。柔韧性好的运动员,动作幅度大、效果好、姿势舒展、优美。柔韧性差的运动员动作紧张、僵硬,效果也大受影响。柔韧性差会影响其他素质的发展,容易产生技术错误和运动损伤。因此,柔韧性对排球运动员也是非常重要的素质之一。

二、影响柔韧性的主要因素

影响柔韧性的主要因素有以下几个:
(1)关节面的活动范围;
(2)关节囊的厚薄、松紧度以及它的纤维层厚度;
(3)关节韧带、肌腱、筋膜、肌肉的强弱和伸展性;
(4)主动肌的力量及主动肌与对抗肌的协训能力;
(5)气温的高低及准备活动的充分与否;
(6)训练水平的高低和年龄、性别的特点。

三、柔韧性训练应注意的问题

(一)经常性

柔韧性训练要经常进行,使肌肉和韧带的伸展性不断得到发展,尤其要根据专项的特点和运动员的薄弱环节进行训练。柔韧性训练必须坚持循序渐进的原则,决不能操之过急,特别是不能进行急速拉伸肌肉与韧带的动作,要做好准备活动,逐渐增大动作的幅度和难度,以免造成损伤。

(二)与技术动作相似的伸展

柔韧性训练一般应采用动作结构与技术动作相似的伸展练习,并可以结合发展其他素质的练习进行,使之互相促进,朝有利的方向发展。

(三)抓住柔韧素质"敏感期"

柔韧性与年龄有很大的关系,儿童时期柔韧性最好,女孩又优于男孩,因此,只有掌握生理发展规律,及时抓住发展柔韧性素质的有利时机进行训练,才能取得较好的效果。

(四)充分准备活动

气温对柔韧性有一定的影响,天气温和、全身发热时柔韧性好,天气寒冷、身体发凉时柔韧性差。为取得好的训练效果,教练员在进行柔韧性素质训练时要注意外界温度的高低。当气温较低时,准备活动要做到轻微出汗的程度。

(五)身体疲劳时不宜训练

运动员在身体疲劳时不宜进行专门性柔韧性训练,否则会提高运动损伤的风险。

四、柔韧性练习方法介绍

(一)发展手指手腕柔韧性

(1)两臂胸前平屈,两手掌心相对,双手指尖向上,十指尖反复相压。
(2)压腕练习。
(3)持木棒做腕绕环。

(二)发展肩关节柔韧性

(1)背对肋木(或排球网柱)站立,双手从后上方握住肋木(或排球网柱),胸腹向前成弓形。

(2)背对肋木坐下,两手从头上握住肋木,两脚不动,腰向前挺起,持续数秒。
(3)双手握单杠悬挂,脚上悬挂重物(如杠铃片,沙袋等)或由他人施力向下拉,持续数秒钟。

(三)发展踝关节柔韧性

(1)跪坐压踝。
(2)负中等重量,踝关节做屈伸动作(提踵)。
(3)脚放在高约10厘米的木板上,足跟着地,做负重全蹲练习。

(四)发展髋关节柔韧性

(1)面对肋木,一脚站立,另一脚搁在高于腰的肋木上(可逐格升高),正侧位压腿。
(2)纵劈腿、横劈腿。
(3)屈腿坐下,两脚掌心相对,双手将膝关节向下弹压。
(4)面对肋木单腿站立,双手胸前握木,向左右和向后摆另一腿。

(五)双人练习

(1)两人对面站立,手臂互握,压肩练习。
(2)两人背向站立,双手上举互握,一人向前拉肩。
(3)两人同时抬腿前压。
(4)两人并肩站立,内侧手臂互握,同时踢腿。
(5)两人背向站立,互相背起。
(6)一人并腿或分腿坐地,另一人推其背帮他向前压上体。
(7)一人跪地后屈,另一人在其身旁进行帮助。

第七节 人体核心区力量训练

20世纪80年代初,一些欧美学者将主要用于康复领域的身体核心稳定性训练方法,扩展和运用到竞技体育训练中并取得良好的效果,从而丰富了竞技体育体能训练的内容与方法。国外学者在核心力量方面进行了大量的研究,并已广泛运用到众多的运动项目中,这些已成为体能训练重要的一部分。

一、人体核心区概念

人体核心区域是指由腰、骨盆、髋关节构成的一个整体,是人体结构的中间环节,具体是肩关节以下、髋关节以上的包括骨盆在内的区域。人体核心区所包含的肌群有背部、腹部和构成骨盆部的所有的肌群(图6-2)。

核心区肌群:腹直肌、腹横肌、背肌、腹斜肌、下背肌、竖脊肌、骨盆底肌和交错骨盆、髋关

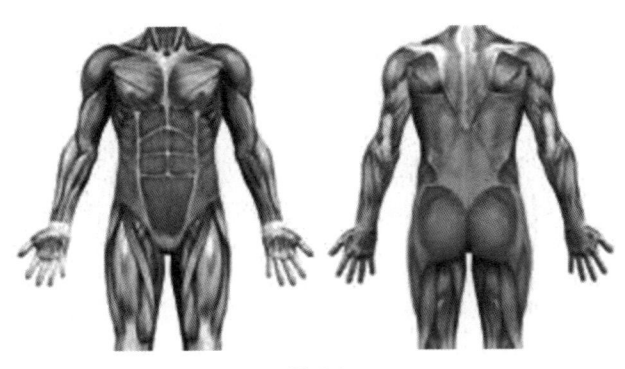

图 6-2

节周围的肌肉臀肌、旋髋肌、股后肌群。

人体核心区力量训练,指躯干及髋关节周围的力量训练。人体核心区力量训练对维持核心区的稳定性,对高质量地完成运动技术动作、提高运动效率、改善上下肢的协调性以及左右侧力量的传递,等等,其重要性是毋庸置疑的。

在体育运动中,完成一个良好的动作的质量取决于是否有一个稳定的旋转基础,也就是稳固的核心平台。人体核心区保持稳定,下肢力量通过核心区向上肢转移,人体核心区越稳定,由下肢转移至上肢的力量就越大,动作的效率就越高。与此相反,任何影响人体核心区稳定的因素,如腰腹肌肉无力,力量传递的效率就差,甚至导致重心不稳、动作变形、其他部位的肌肉进行代偿性工作,不仅影响力量的表达,久而久之,必然出现躯干及其他代偿肌肉的损伤。

二、核心区力量的作用

(一)稳定脊柱、骨盆

由于传统的抗阻训练偏重于对人体大肌肉群的力量训练,忽视了深层肌群,造成这些肌肉力量的训练不足,动作稳定性差,核心区力量训练正是弥补这一缺陷的有效手段。

人体核心区的稳定性表现为,在运动中控制骨盆和躯干部位肌肉的稳定状态,使力量的产生、传递和控制达到最佳化的能力。

核心区稳定性是在运动中控制骨盆和躯干部位肌肉的稳定姿态,为上下肢运动创造支点,并协调上下肢的发力,使力量的产生、传递和控制达到最佳化。

(二)提高身体控制力和平衡性

转动力矩在封闭的个体中保持恒定的原理,运动员在跑动过程中,下肢产生一个向前的转动力矩,其他部位必然产生一个相反的转动力矩,这样才能达到平衡。此异侧上下肢的配合就能保持这样的平衡。而在这个过程中,强有力的核心肌群力量起着承上启下的作用。

(三)提高运动时肌群的能量输出

核心区力量可以改善近端固定的稳定性,提高末端肌肉的发力,提高不同肌肉之间的协作,以及动员全身不同环节的力量有序地参与运动,加大总体能量的输出。

（四）提高肢体协调,降低能量消耗

专项技术的优劣主要取决于参与运动的肌肉之间的协同工作水平和对高速运动中身体重心的控制能力。强有力的核心力量是保证躯干得到稳固的支持。

（五）预防动作中的损伤

强有力的核心肌群能确保肢体在动作过程中保持在正确的体位,深层小肌肉群的稳定功能起到关键的保护作用,预防急性损伤的发生。

三、核心区力量训练与基础力量训练的关系

在竞技运动训练领域内,人们往往将力量训练的重点放在四肢上,因而忽视了对躯干（核心）部位肌肉力量的训练。核心区力量训练与基础力量训练是一种互补关系,对核心区力量训练的重视并不意味着对大肌群和主动肌力量训练的忽视,更不是对基础力量训练的取代和否认,以往对核心力量训练的不足造成了一般与专项力量的失衡,但我们不能因此而忽视甚至放弃基础力量的训练。

核心区力量训练应建立在传统力量训练的基础上,是传统力量训练的补充。二者是互补的关系,都是现代体能训练的基本手段。

四、核心区力量和稳定性训练方法

我们必须先明确核心区力量训练不等同于专项力量和专项能力的训练,也不可能完全替代传统的基础力量和专项力量训练,而是整体力量训练中的一个组成部分。

核心区的稳定性受诸多因素的影响,如关节、韧带的结构,神经支配,特别是受本体感受功能支配的影响。因此,核心区稳定性训练不只是对核心区域的力量训练,还包含稳定性、灵活性、平衡性以及协调性等诸多能力的训练。

核心区力量训练中的核心区稳定性训练以维持身体平衡,控制身体重心的练习为主,可以贯穿训练的全过程。

准备活动核心区力量训练,以动力性的练习方法为主,以调动神经系统的兴奋性,使运动员能够更快地进入到训练的状态。

结束部分核心区力量训练,在结束部分的前期,核心区力量训练可以起到很好的过度作用,预防由于运动量骤然降低而造成机体不适应。

专门的体能训练课,先把基础力量练习放在前面,把核心区力量安排在体能训练的后半部分,先刺激大肌肉群,再刺激小肌肉群,从而使大肌肉群和小肌肉群都能够得到协调的发展。

核心区力量训练作为新兴的训练方法,应遵循训练的基本规律,不能因为一种新颖的训练方法而盲目地滥用。只有正确地运用核心力量训练,并与专项紧密的结合起来,才能够发

挥其应有的效果,反之,事倍功半。

五、核心力量训练手段和方法

其按器械可分为:徒手、单一器械、组合器械。

其按用力方式可分为:静力练习、动力练习、静力和动力相结合的练习。

(一)徒手

1. 单脚支撑空中转体

练习肌肉:锻炼腹直肌、腹内斜肌、腹外斜肌、阔筋膜张肌、臀大肌、竖脊肌、臀中肌、股二头肌等肌肉。

动作方法:两脚并拢,右腿弯曲支撑地面,左腿抬起,两手臂自然伸直置于腹前。两手臂从左侧向上移动,同时右腿伸直,身体稍向右转。两腿交替(图6-3)。

图 6-3

动作要领:背部紧张,保持固定,腿伸直,注意力集中,臀部发力,手臂伸直。

训练要求:每组 15～20 次,训练 3～4 组。

2. 单脚支撑蹬地

练习肌肉:锻炼腹直肌、阔筋膜张肌、臀大肌、竖脊肌、臀中肌、股二头肌等肌肉。

动作方法:两脚并拢,右腿弯曲支撑地面,左腿抬离地面,右腿慢慢下蹲。腹部收紧,右脚向前上方用力蹬地。两腿交替(图6-4)。

动作要领:背部紧张,保持固定,腿伸直,注意力集中,臀部发力,手臂伸直。

训练要求:每组 15～20 次,训练 3～4 组。

 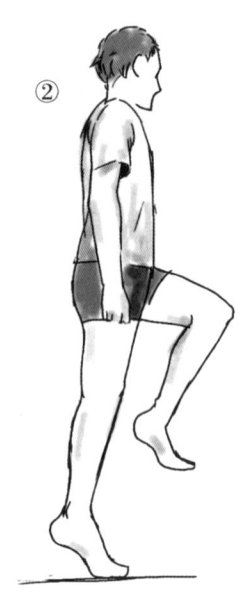

图 6-4

3. 单脚站立上抛实心球

练习肌肉：锻炼腹直肌、竖脊肌、臀大肌、臀中肌、臀小肌等肌肉。

动作方法：左脚屈膝下蹲，膝盖不能超过脚尖，右脚抬离地面，背部伸直，目视前方。双手拿一个实心球，置于腹前，依靠快速的蹬地，向上抛实心球，当球下落到腹前，将球接住。两脚交替（如图 6-5）。

图 6-5

动作要领：背部紧张，保持固定，注意力集中，腹部发力，两手拿重量适中的实心球。
训练要求：每组 15～20 次，训练 3～4 组。

(二)平衡垫

1. 平衡垫上空中转体

练习肌肉:锻炼腹直肌、腹内斜肌、腹外斜肌、阔筋膜张肌、臀大肌、竖脊肌、臀中肌、股二头肌等肌肉。

动作方法:两脚分开与肩同宽,两脚踩平衡垫,膝盖微屈,两手臂伸直从右侧向上移动,移动的同时身体稍向左转。两手臂伸直从左侧向上移动,移动的同时身体稍向右转(图6-6)。

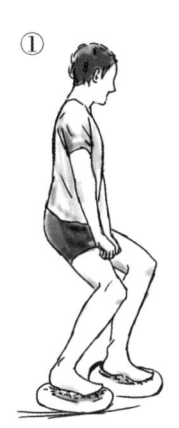

图 6-6

动作要领:背部紧张,保持固定,注意力集中,手臂伸直。

训练要求:每组15~20次,训练3~4组。

2. 双膝跪立平衡垫侧向屈伸

练习肌肉:锻炼腹直肌、腹内斜肌、腹外斜肌、髂腰肌、竖脊肌等肌肉。

动作方法:双膝跪于平衡垫上,两手抓实心球侧上举,背挺直侧屈,左右交替进行(图6-7)。

图 6-7

动作要领:背部紧张,最大幅度的侧屈,两手拿重量适中的实心球,注意力集中,手臂伸直。

训练要求:每组 15～20 次,训练 3～4 组。

3. 平衡垫上上抛实心球

练习肌肉:锻炼腹直肌、竖脊肌、臀大肌、臀中肌、臀小肌等肌肉。

动作方法:两脚左右开立,脚踩平衡垫,屈膝下蹲,背部伸直,目视前方。双手拿一个实心球,置于腹前,依靠快速的蹬地向上抛实心球,当球下落到腹前,将球接住(图 6-8)。

图 6-8

动作要领:背部紧张,保持固定,注意力集中,腹部发力,两手拿重量适中的实心球。

训练要求:每组 15～20 次,训练 3～4 组。

4. 单膝跪撑头后收腹掷球

练习肌肉:锻炼腹直肌、腹内斜肌、腹外斜肌、竖脊肌、背阔肌等肌肉。

动作方法:左膝跪于平衡垫上,双手持一个实心球,从身体左侧把实心球快速置于头后,身体稍向左转,抬头挺胸展腹,然后快速收腹,将球用力掷于地面。两腿交替(图 6-9)。

图 6-9

动作要领:背部紧张,保持固定,注意力集中,腹部发力。

训练要求:每组15～20次,训练3～4组。

5. 跪撑头后抛实心球

练习肌肉:锻炼腹直肌、腹内斜肌、腹外斜肌、竖脊肌、背阔肌等肌肉。

动作方法:双膝跪于平衡垫上,背部伸直。双手持一个实心球,置于头后,依靠快速的收腹,把实心球掷出(图6-10)。

图 6-10

动作要领:背部紧张,保持固定,注意力集中,腹部发力。

训练要求:每组15～20次,训练3～4组。

6. 负杠铃双腿跪立平衡垫转体

练习肌肉:锻炼腹直肌、腹内斜肌、腹外斜肌、竖脊肌等肌肉。

动作方法:两腿屈膝跪立于平衡垫上,身体直立。两手握紧杠铃置于肩上,腰部发力,身体向右侧充分转体,稍停,再向左侧充分转体(图6-11)。

图 6-11

动作要领：选用较轻重量的杠铃，背部紧张，保持固定，注意力集中，手臂伸直。

训练要求：每组 15～20 次，训练 3～4 组。

（三）瑞士球

1. 负重转体

练习肌肉：锻炼腹直肌、腹内斜肌、腹外斜肌、竖脊肌等肌肉。

动作方法：坐于瑞士球上，身体直立。两手握紧杠铃置于肩上，腰部发力，身体向右侧充分转体，稍停，再向左侧充分转体（图 6-12）。

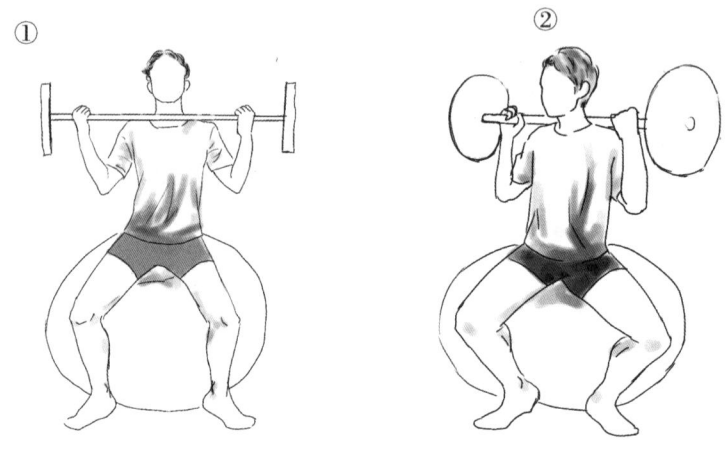

图 6-12

动作要领：选用较轻重量的杠铃，背部紧张，保持固定，注意力集中，手臂伸直。

训练要求：每组 15～20 次，训练 3～4 组。

2. 背起顶髋

练习肌肉：锻炼腹直肌、背阔肌、竖脊肌、臀大肌、臀中肌、臀小肌、股二头肌等肌肉。

动作方法：背部贴紧瑞士球，两脚左右开立，两腿弯曲，两手各持哑铃置于腹前，目视前方。双脚蹬地，迅速向上顶髋，同时两手向前上方积极摆动，抬头挺胸（图 6-13）。

图 6-13

动作要领:选用重量合适的哑铃,腹部紧张,注意力集中。

训练要求:每组 15～20 次,训练 3～4 组。

3. 仰卧肩压球三点支撑持重物屈臂上举

练习肌肉:锻炼腹直肌、阔筋膜张肌、臀大肌、竖脊肌、臀中肌、股二头肌等肌肉。

动作方法:背部紧贴瑞士球,两腿弯曲支撑地面,背部伸直,髋部往上顶,右手持哑铃置于头后,由后向上挥臂,左手臂维持平衡(图 6-14)。

图 6-14

动作要领:选用重量适中的哑铃,背部紧张,保持固定,腿伸直,注意力集中,臀部发力。手臂屈肘,紧贴耳朵。

训练要求:每组 15～20 次,训练 3～4 组。

4. 仰卧肩压球两点支撑持重物屈臂上举

练习肌肉:锻炼腹直肌、阔筋膜张肌、臀大肌、竖脊肌、臀中肌、股二头肌等肌肉。

动作方法:背部紧贴瑞士球,右腿弯曲支撑地面,左腿伸直,背部用力,髋部往上顶,右手持哑铃置于头后,由后向上挥臂,左手臂维持平衡(图 6-15)。

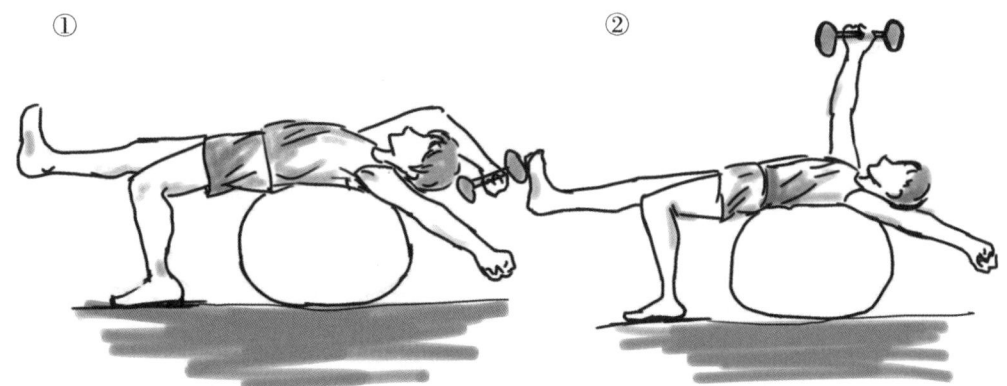

图 6-15

动作要领:选用重量适中的哑铃,背部紧张,保持固定,腿伸直,注意力集中,臀部发力。手臂屈肘,紧贴耳朵。

训练要求:每组 15~20 次,训练 3~4 组。

5. 瑞士球上展腹

练习肌肉:锻炼腹直肌、阔筋膜张肌、臀大肌、竖脊肌、臀中肌、股二头肌等肌肉。

动作方法:坐于瑞士球上,右脚平放于地面,左腿抬高离地面;保持身体姿势,向后引臂,身体稍向右转,配合呼吸。两手臂和两腿交换(图 6-16)。

图 6-16

动作要领:背部紧张,保持固定,腿伸直,注意力集中。呼气向后拉,吸气向前,动作过程中要控制身体。

训练要求:每组 15~20 次,训练 3~4 组。

第七章　其他形式的排球运动

第一节　沙滩排球

一、沙滩排球运动起源与发展

　　沙滩排球运动起源于 20 世纪 20 年代美国的夏威夷。夏天，人们成群结队地涌向沙滩，架起球网，在柔软的沙滩上，明媚的阳光下，光着脚板打着排球，别有一番风味。在沙滩上摔倒也不会很疼，人们尽情的跳跃、滚翻、流汗，享受着美好的时光。

　　现代沙滩排球运动：蓝天、碧海、阳光、沙滩，古铜色的健美肌肤展现出青春的活力；时尚的墨镜、太阳帽、色彩斑斓的遮阳伞，动感火热的 DJ，伴随着飞舞的彩色排球，描绘出这项独具魅力、风靡世界的运动——沙滩排球的诱人画卷。运动员和观众们头顶蓝天、面临碧海、耳听涛声、脚踩柔沙，将人与自然融为一体。沙滩排球以极强的竞技性和独特的艺术性、观赏性和趣味性，被誉为"21 世纪最杰出的运动"。它可以是全家的娱乐游戏、中老年人的健身手段，还可以是青少年锻炼身体的运动项目。

　　1987 年在巴西举办了第一届世界男子沙滩排球锦标赛，在国际排坛引起巨大反响。1988 年，国际排联正式成立了世界沙滩排球理事会。1996 年，沙滩排球被列为亚特兰大奥运会的正式比赛项目。将一个运动项目设立两种比赛形式，这在奥运会历史上是绝无仅有的。目前世界沙滩排球巡回赛已增加到了男女每年都超过 10 站，并确定了最高等级的 3 种赛事：大满贯赛、世界巡回赛和挑战赛。比赛采用双败淘汰赛制，参赛运动员必须事先注册并通过比赛进行积分排名。

　　沙滩排球运动在我国起步较晚，1987 年 8 月在北戴河首次举办沙滩排球联谊活动。1990 年，我国首次组队参加了首届"健牌"国际沙滩排球大奖赛。1993 年，我国在山东烟台举办了"宏扬杯"首届国内沙滩排球邀请赛。1994 年，我国举办了首届全国沙滩排球巡回赛。1997 年第八届全运会，沙滩排球成为全运会正式比赛项目。从 1998 年开始，我国沙滩排球运动进入提高阶段，沙滩排球作为独立的竞技项目与室内排球分开，成为了又一个有影响的排球项目和赛事。在 2000 年的悉尼奥运会上，我国选手获得了女子沙滩排球第九名的好成绩，2008 年的北京奥运会上，中国女子沙滩排球获得了第二名和第三名的最好成绩。

二、沙滩排球运动的技术要求

作为排球大家族成员之一,沙滩排球也具有排球运动所有的共性特征:徒手击空中的球、击球时触球时间短促、允许全身各部位击球。同时,它也具有区别于其他排球运动的独特技巧:严格限制传球技术:对传球技术的要求非常严格,如果是将球传向对方场区,出球方向必须要与运动员两肩的连线垂直,因此,侧传过网球是不允许的。如果是传给同伴的组织进攻球,则在"持球"和"连击"的判罚上严格掌握。不允许张开手指吊球:判罚的依据是吊球时手指伸直并分开,但可以用拳头吊球。

三、沙滩排球竞赛规则简介

(一)运动员

双方各两人进行比赛。

(二)场地与球网

长16米、宽8米的场地被球网平均分开。场区界限由拉力材料的带子围成,线宽5～8厘米,是场区面积的一部分,球触线算界内。场区外有5～6米的无障碍区。球网高度:成年男子为2.43米;成年女子为2.24米。

(三)计分

每球得分制,三局两胜,前两局比分为21分,决胜局为15分(比分不封顶,当20∶20、14∶14时,必须领先两分才赢得胜利)。

(四)触球

每方最多触球3次将球从网上击回对方;拦网的触球算作球队的一次触球;身体任何部位都可以触球(发球除外);防守急难球时,允许球在手上有短暂的停滞;双方队员网上同时触球可以"持球";进攻队员不允许用张开的手指吊球;如果用上手传球击球过网,传球路线必须与两肩的连线垂直。

(五)暂停、换人、交换场地

暂停时间为30秒,每局比赛每队最多可以请求一次暂停;前两局比赛中,双方比分累计21分时,进行技术暂停;不允许换人;前两局比赛中,双方比方累计为7分或7分的倍数时,决胜局比赛中,双方比方累计为5分或5分的倍数时,双方队员要交换场地。

(六)网下穿越

在不妨碍对方比赛的情况下,双方都允许队员从网下穿越进入对方场区;队员不能有意地阻挡对方观察发球队员和球的飞行路线;一场比赛中,最多给受伤队员一次 5 分钟的恢复时间;比赛中禁止队员触及球网的任何部分和标志杆。

第二节　气排球

一、气排球起源与发展

(一)气排球运动的起源

气排球项目是我国土生土长的一项群众性的排球活动项目。20 世纪 80 年代初,它由呼和浩特铁路局作为职工健身、娱乐的活动项目,继而作为老年人的体育健身活动。发展至现今,气排球已成为在全国轰轰烈烈兴起的群众性体育运动健身项目之一,成为排球项目大家庭的一员。

气排球是我国土生土长的一项群众性排球活动,是一项集运动、休闲、娱乐为一体的群众性体育锻炼项目。最早是在 1984 年,呼和浩特铁路局济宁分局为了开展老年人体育活动,在没有规则限制的情况下,组织离退休职工用气球在排球场上打着玩。随后,各地参照竞技排球规则制了简单的比赛规则,并将这种活动形式取名为"气排球"。

气排球运动作为一项新兴的群众性体育项目,已越来越多地受到中、老年人的喜爱,现在正越来越多地受到年轻人的喜爱。现在气排球已经作为全国老年体协的五大竞技项目之一,自从中国火车头老年体协首先推出该项目以来,先后在全国各地,特别是在南方的大部分省区等地得到了很好的推广,打球健身的老、中、青年人越来越多。

气排球的上述特点使排球运动的技巧性降低,比赛中球的飞行速度减慢,来回球的次数增加,击球花样增多,初学者对球的恐惧感消失,因而大大提高了气排球比赛的趣味性、吸引力和可观赏性。这些特点尤其适合全民健身和少年儿童活动的需要。

(二)气排球运动的发展

作为一项集健身、休闲、娱乐为一体的群众性体育运动项目,经过近 30 年的发展,已从单纯地在老年群体中开展向社会各个行业、系统、学校、社区、企事业单位等辐射,不同年龄层次、不同性别、不同职业人群纷纷参与到气排球运动中,享受气排球运动的快乐。

随着气排球运动的快速发展,各地区、各行业、各系统纷纷举办不同规模、不同层次的气排球比赛,一些省、市、县(区)成立了气排球协会,一些省、市将气排球项目列入省、市运会的正式比赛项目。

一些退役的优秀排球运动员的参与,也使气排球技战术水平有了很大的提升,而且他们通过参与气排球活动,延长了他们的排球"运动生涯",延续了他们的"排球梦",满足了他们的排球"情结"。

参与群体、年龄结构的多元化证明了气排球是一项大众的运动,"草根"的运动项目,也很适合在学校中开展,体现了气排球运动在群体活动中的作用和价值。

为统一、规范、推广和交流气排球运动,我国急需一部全国统一的《气排球竞赛规则》。2013年,国家体育总局排球运动管理中心、中国排球协会组织相关人员编写、出版了由中国排球协会审定的第一部《气排球竞赛规则》。

随着我国气排球运动的蓬勃发展,为进一步推广、普及气排球运动,扩大和规范气排球运动的开展与交流,国家体育总局排球运动管理中心顺潮而动,于2015年开始,每年举办"超级杯"全国气排球联赛,该赛事已成为我国气排球运动的传统品牌赛事。

在2017年第十三届运动会中,气排球项目成为群众比赛之一,进一步推动了我国气排球运动轰轰烈烈的开展,在"全民健身"活动中发挥了更大的作用。

(三)气排球运动的现状与前景

1. 气排球运动的现状

气排球是中国老年人在体育项目领域的一项创新和贡献,同时,气排球也是中国老年人体协自2004年开始,向全国推广的优秀老年体育健身项目之一。由于它健身性强、运动强度适当而且具有浓厚的趣味性,很快就受到了老年朋友们的普遍喜爱,在全国蔚然成风。近年来该运动又逐步向成年人、青年人和学校推广。但一个普遍的现象是,各地气排球运动发展并不平衡,推行的比赛规则、规程、比赛用球、场地规格等许多方面都不尽相同,这些"不统一"已经成为国内各地区气排球运动交流中不可忽视的客观因素。

近年来,在江苏、浙江、福建、广西、湖南等气排球开展较好的地区,气排球运动呈现出不同的发展态势。目前,在江苏、浙江等地,还出现了"无网气排球",这从某种程度上,也丰富了气排球的发展方式。为适应气排球运动在国内良好的发展趋势,规范气排球运动的发展,正确引导各地气排球发展的积极因素,中国老年人体育协会于2011年10月正式成立了气排球专项委员会,在第一次会议研讨会上,与会专家代表经过讨论认为,鉴于气排球运动发展处于起步阶段,当前气排球运动的发展重点在于普及推广,提出了"交流活动区域化,项目管理专项化"的发展目标。大家对于当前气排球运动的发展表示乐观,同时,对气排球运动在各地不同的发展方式进行了思想统一,认为气排球推广的初级阶段在用球、规则等方面将不做硬性规定,不做强制统一,鼓励各地气排球"百花开放"。

由于近年来气排球运动的开展轰轰烈烈,参与其中的年龄段越来越低,目前,我国许多城市都成立了气排球协会、气排球俱乐部等各种气排球组织,初步形成了有组织、有管理的气排球管理运行机制。活动的形式由自发参与发展到与相关部门统一组织相结合。城市内各俱乐部之间的联赛、各城市之间的俱乐部超级联赛,每年的比赛持续不断;各种规模、类型的比赛层出不穷。省、市及各行业系统内的职工运动会上,都会有气排球比赛。而且很多的行业系统已经把气排球比赛当成一个常规赛事,比赛规模越来越大,参赛队伍越来越多。比赛的技战术水平每年都有很大的提高,竞技的激烈程度也是愈来愈烈。有的省、区还把气排球比赛列入了省运会,对气排球运动在当地的开展起到了很好的推动作用。目前,广东的气排球界与香港、澳门的气排球爱好者保持着良好的联谊关系,福建的海峡两岸气排球比赛也成了常规的赛事,广西则采用走出去、请进来的办法,将广西的绣排球(气排球的又一变种)项目送到了台湾莲花县。这些也都为气排球运动走出国门、冲出亚洲、走向世界打下了良好的基础。

2.气排球运动的发展前景

(1)参与群体大众化

气排球发端于老年人活动,但如今已不局限于老年人群体。各城市球馆里的气排球场上活跃的绝大多数是中青年人的身影,各俱乐部之间的比赛也都是以年轻人为主力。正是有年轻人的亲睐,比赛的速度与力量体现出来了,比赛的节奏加快了,技战术的含量提高了,比赛的精彩程度大幅提高,观赏价值也不断攀升。气排球运动适合于各年龄层次的群体,现在正逐渐走进中小学和大学体育课的课堂。

(2)技战术发展竞技化

原来以娱乐休闲为目的的气排球项目,主要是为了锻炼身体。随着气排球运动的不断发展,其比赛规则、比赛程序等的规格都在向国际赛事看齐,各类规模比赛的组织更加正规化。各级别的参赛队伍都非常重视比赛的成绩。因此,技术训练更加严格,战术筹备更加精密。各俱乐部虽然都是业余的,俱乐部的成员平时也都有自己的工作,但俱乐部的管理方法和运作手段却尽量向专业化靠拢。这些都说明了气排球运动正逐渐的由原来的休闲娱乐、锻炼身体的活动向竞技化发展。

(3)赛企结合市场化

现在各民间俱乐部自发组织的各种规模的赛事,几乎都是靠企业冠名赞助的。由于关注气排球的群体在不断增多,群体参加气排球活动的时间也不断加长,所以,许多企业也乐于在气排球运动上投入,形成了良性的双赢局面。而且各俱乐部目前都不具备自身盈利的功能,很多俱乐部队的参赛冠名权、参赛奖金就成了俱乐部聊以生存的经济来源。虽然气排球运动在全国开展也就十几年的时间,各俱乐部的生存状况也是步履维艰,但目前的经营现状都很符合市场化经济的最基本的要求。所以,发展的前景还是非常好的。

二、气排球运动的特点

(一)广泛的群众性

气排球运动不需太多的经费,对场地、设备要求不高,主要规则宽松且容易掌握,运动量可大可小。它既适宜于中老年人,也适宜于青少年。气排球运动可采用竞赛形式,也可因地、因时、因人制宜,开展大众娱乐性活动。气排球运动又是一项没有身体接触的集体性体育活动,不易造成伤害。其最大的优点就是第一次接触此项运动就可以参加比赛,趣味性强,再加上使用的球体轻软,不伤手指,安全性强。

(二)很强的娱乐性和较强的对抗性

气排球的弹性较好、重量轻、稳定性好,会使比赛回合和击球花样增多,其观赏性和趣味性较强,参赛者可以在比赛中感受到运动的乐趣。气排球比赛是攻防不断转化的过程。比赛有发球和接发球,有扣球和拦网,有进攻和防守反击,球又不能落地。双方始终在激烈的对抗中进行比赛。水平越高的比赛,其对抗越精彩激烈。经常参加这项活动,不仅能提高中枢神经系统和内脏器官系统的功能,促进身体健康发展,还能发展力量、弹跳、速度、灵敏等项身体素质,培养勇猛果断、机智灵活、顽强拼搏的良好品质和竞争意识。

（三）技术的全面性和技巧性

比赛规则规定场上队员必须不断轮转,这就要求每个队员必须全面掌握攻防各项基本技术,做到能攻善守,以适应项目的特点和要求;比赛中,每项技术既能得分,又能失分,这就要求队员掌握技术不仅要全面,还必须熟练;由于攻防转换较快,三次击球必须过网,球不得落地,又不能在手中停留,因而要求具备有一定的技巧性。

（四）高度的集体团队协作性

气排球比赛是一项靠集体配合取胜的项目,三次击球环环相扣,互相关联,某一环节出现差错就会影响全队的成败,只依靠个人力量或松散的战术配合是难以取得比赛胜利的。球队水平越高,其配合就越紧密,越体现出集体性。因此,必须协调配合这一点,有利于团结奋进和展现高尚的道德风范。气排球的训练和比赛,可以培养运动员优良的体育道德作风和团结、协作的集体主义精神。

（五）大众参与性

气排球活动有跑、跳、蹲、转身,使脑、眼、手、腰、脚等都运动,有利于健身强体,趣味性强。科学实践证明,这是一项非常适合全民健身的项目,经常打气排球,对颈部、手指、手臂、腰部、腿脚及头脑的灵活反应有很好的锻炼效果。而且,该活动尤其具趣味性、娱乐性,打一场球欢笑百次、广交朋友、增进团结,有益身心健康,也为构建和谐社会做贡献。

三、气排球竞赛规则简介

（一）场地、器材

气排球的圆周为72～76厘米,重量为120～135克。比赛场地长12米、宽6米,由一条中线将场地平分为两个面积相等的两个场区,球网垂直于中线上空。男子网高2.10米,女子网高为1.90米。

（二）比赛人数

根据气排球竞赛规则,有4人制和5人制比赛。4人制网前的2、3位队员为前排队员,后场1、4号位队员为后排队员;5人制网前的2、3、4号位队员为前排队员,后场1、5号位队员为后排队员。

（三）计分

气排球排球比赛采用每球得分制,3局2胜,一、二局21分,第三局决胜局为15分。

（四）轮转与发球

(1) 比赛中，胜一球得一分，同时顺时针轮转一个位置，由新轮换到 1 号位的队员发球。
(2) 同一队员不能连续发球。
(3) 跳发球必须在端线后 1 米处的跳发球限制线后起跳。

（五）进攻性击球

进攻线后（后场区），队员可以对任何高度的球完成进攻性击球，但起跳时脚不得踏及或越过距离中线 2 米的进攻线，击球后脚可以落在前场区。

队员可以在进攻线前（前场区）完成进攻性击球，但球的飞行轨迹必须高于击球点，有明显向上的飞行弧度进入对方场区。

（六）换人

每局比赛中，每队最多请求 4 人次（四人制）或 5 人次（五人制）换人，所换队员不受位置限制。

参考文献

1. 黄汉升.球类运动——排球[M].北京:高等教育出版社,2005.
2. 编写组.排球运动[M].北京:人民体育出版社,1999.
3. 钟秉枢.排球[M].北京体育大学出版社,1998.
4. 连道明.软式排球、气排球、沙滩排球理论与方法[M].厦门:厦门大学出版社,2007.
5. 肖德生.软式排球游戏100例[M].北京:体育大学出版社,2000.
6. 杨则宜.体能训练指导[M].北京:人民体育出版社,2007.
7. 国家体育总局科教司.现代教练员科学训练理论与实践[M].北京:人民体育出版社,2015.
8. 赵青.沙滩排球[M].北京:北京体育大学出版社,2009.
9. 葛春林.优秀排球运动员运动能力的研究[M].北京:北京体育大学出版社,2013.
10. 王卫星.高水平运动员体能训练的新方法[M].北京:北京体育大学出版社,2013.
11. 徐利,钟秉枢.科学发展观视野下的排球运动科学探蹊[M].北京:北京体育大学出版社,2007.
12. 田麦久,等.运动训练学[M].北京:人民体育出版社,2000.